张英伯 主编

优化模型与经济

魏权龄 著

科学出版社

北京

内 容 简 介

西方经济学是将"消费者追求最大效用,生产者追求最大利润"作为一条最优化的准则. 基于这条准则, 本书用14章讲述在经济活动中与其相关的最优化模型.

本书讲述厂商如何组织生产的优化模型、消费理论和福利最大化模型、商品交换模型、瓦尔拉斯一般均衡模型以及厂商之间的竞争、合作和垄断等模型, 讨论了"供给"和"需求"之间相互作用的关系. 可以看出, 商品的"均衡价格"是由一双"看不见的手"所决定的.

本书是为中学生和大学生写的关于数学与经济的一本通俗读物.

图书在版编目(CIP)数据

优化模型与经济/魏权龄著. —北京:科学出版社,2011
(美妙数学花园)
ISBN 978-7-03-031521-2

I. ①优… II. ①魏… III. ①优化模型:经济模型 IV. ①F224.0

中国版本图书馆 CIP 数据核字(2011) 第 112802 号

责任编辑:陈玉琢／责任校对:刘亚琦
责任印制:赵 博／封面设计:王 浩

科学出版社 出版
北京东黄城根北街 16 号
邮政编码:100717
http://www.sciencep.com

北京市金木堂数码科技有限公司印刷
科学出版社发行 各地新华书店经销
*
2011 年 6 月第 一 版 开本:720×1000 1/16
2025 年 2 月第五次印刷 印张:15 1/4
字数:115 000
定价:48.00 元
(如有印装质量问题,我社负责调换)

《美妙数学花园》丛书序

今天,人类社会已经从渔猎时代、农耕时代、工业时代,发展到信息时代.科学技术的巨大成就,为人类带来了丰富的物质财富和越来越美好的生活.而信息时代高度发达的科学技术的基础,本质上是数学科学.

自从人类建立了现行的学校教育体制,语文和数学就是中小学两门最主要的课程.如果说文学因为民族的差异,在各个国家之间有很大的不同,那么数学在世界上所有的国家都是一致的,仅有教学深浅、课本编排的不同.

我国在清末民初时期西学东渐,逐步从私塾科举过渡到现代的学校教育,一直十分重视数学.中华民族的有识之士从清朝与近代科技隔绝的情况下起步,迅速学习了西方的民主与科学.在 20 世纪前半叶短短的几十年间,在我们自己的小学、中学、大学毕业,然后留学欧美的学生当中,不仅产生了一批社会科学方面的大师,

而且产生了数学、物理学等自然科学领域对学科发展做出了重大贡献的享誉世界的科学家.他们的成就表明,有着五千年灿烂文化的中华民族是有能力在科学技术领域达到世界先进水平的.

在20世纪五六十年代,为了选拔和培养拔尖的数学人才,华罗庚与当时中国的许多知名数学家一道,学习苏联的经验,提倡和组织了数学竞赛.数学家们为中学生举办了专题讲座,并且在讲座的基础上出版了一套面向中学生的《数学小丛书》.当年爱好数学的中学生十分喜爱这套丛书.在经历过那个时代的中国科学院院士和全国高等院校的数学教授当中,几乎所有的人都读过这套丛书.

诚然,我国目前的数学竞赛和数学教育由于体制的问题备遭诟病.但是我们相信,成长在信息时代的今天的中学生,会有更多的孩子热爱数学;置身于社会转型时期的中学里,会有更多的数学教师渴望培养出优秀的科技人才.

数学家能够为中学生和中学教师做些什么呢?数学本身是美好的,就像一个美丽的花园.这个花园很大,

《美妙数学花园》丛书序

我们并不能走遍她, 完全地了解她. 但是我们仍然愿意将自己心目中美好的数学, 将我们对数学的点滴领悟, 写给喜爱数学的中学生和数学老师们.

张英伯

2011 年 5 月

前 言

本书是为中学生和大学生写的一本通俗读物.其目的是讲述数学中的最优化方法在经济中得到应用的一些模型例证.

我们在就读中学时,碰到的第一个与"最优"有关的问题是:"用一根长度为 L 的绳子围成一个矩形菜地,问其长和宽各为多少时,其面积最大."实际上,在研究与经济、管理有关的问题时,不可避免地也要涉及与"优化"有关的问题.有人考证,"最优化"一词在经济学英文辞典中,是出现频率最高的.西方经济学是将"消费者追求最大效用,生产者追求最大利润"作为一条最优化的准则.经济学家所说的"以最小的耗费,取得最大的效果","稀缺资源的最优利用"等,都是与"最大"、"最小"相关联的,是在一定的目标和约束条件之下,追求"最优".经济学研究的"数学化"倾向是一个不争的事实.经济学研究的某些方面是可以用到数学的,甚至

包括一些很高深的数学.反之,经济学也为数学与经济学的某些交叉研究和应用提供了用武之地.同时也促进了学科的发展.

本书讲述经济学中与"优化"有关的、并能为读者所接受的一些优化模型,也包括与其相关的经济学中的一些概念和术语.为了叙述方便,各模型都以两个变量的形式给出,这是因为可以用图解的方式进行讨论和求解.同时,也不难将两个变量的优化模型推广到多于两个变量的场合.

阅读本书所需的数学,以中学数学为主.超出中学数学的内容在本书的相关章节,均用附录形式进行了专门讲解(也包括与数学有关的经济概念).各章中,都配备了数值例子和大量图示,便于读者阅读和对模型的理解.书中带"*"的章节,读者在初读时可以跳过.

本书各章内容安排如下:

第1章 生产者追求最大利润.介绍生产者以利润最大化为目标的资源配置模型.本章与以下3章(第2~4章)均属于生产经济学的范畴.

第2章 厂商的最佳预算模型.在西方经济学中,将生产者或企业统称为"厂商".本章中是讨论厂商为追求利润最大化,如何对资金投入进行优化(即求"最佳预算").

  第 3 章　产出最大化和成本最小化. 因为厂商在进行生产时,除了以利润最大化作为目标之外,也可能在总成本给定前提下,追求产出(产值或产量)最大化;或者在产出给定前提下,追求成本最小化. 本章分别讨论了产出最大化模型和成本最小化模型.

  第 4 章　生产要素有限制的资源配置模型. 前 3 章讨论的模型中,对生产要素(即进行生产时所需投入的资金、劳动力等,统称为"生产要素")是没有限制的. 本章讨论的是当生产要素有限制时,如何进行资源最优配置. 在这种情况下,虽然在建立模型上没有太多的难处,但在对模型的分析和求解上,却有本质的区别(这里,不能再使用拉格朗日乘子法,必须用到库恩－塔克条件).

  第 5 章　中央对地方的资金分配模型. 本章讨论计划部门的资金,如何分配给所属的企业的最优决策模型. 为方便,这里将计划部门比作中央,所属企业比作地方.

  第 6 章　多阶段生产的动态优化模型. 本章讨论对给定的原料用于两种生产方式进行生产,生产产品之后,除了获得收益,还可对两种生产方式各自投入的原料进行部分回收. 之后,将回收的原料之和再用作两种生产方式的下一阶段的生产,等等. 我们的问题是:生产的阶段数给定后,在每个阶段如何作出原料分配的决策,使得总收益最大.本章中介绍的建模和求解方法属于动态规划范畴.

第7章 工厂如何制定生产计划. 本章讨论工厂在使用几种原料生产多种产品时,如何通过优化模型确定对各种产品的生产数量(即制定生产计划). 同时,由模型求得的原料的"影子价格"(可以看成是工厂对各原料的一种"内部价格"),给出厂方扩大再生产的建议.

第8章 福利最大化模型. 本章首先在给出多目标规划模型和多目标之下 Pareto 最优概念的基础上,讨论了多目标模型在福利经济学中的应用. 通过企业中工资分配的例子,指出了"政策"对企业中各"福利集团"的影响,以及对"政策"本身的评价.

第9章 交换才能生财 —— 艾奇沃思盒状图. 从这章开始讨论市场. 本章讨论两个人拥有两种商品的交换模型. 市场的特征是交换,对整个社会来说,交换才能改善资源配置的效率;对个人来说,交换才能提高自己的效用(这里的效用,可以理解为满意的程度),即交换才能生财. 本章通过艾奇沃思盒状图,研究拥有商品的两个人是以什么原则进行商品交换的,以及他们是怎样进行商品交换的.

前　言

第 10 章　市场机制——看不见的手. 对于一件商品而言, 有众多的商品生产者 (也称为厂商), 也有众多的商品需求者 (也称为消费者). 本章从生产和消费出发, 使用优化模型研究市场的运行机制和"均衡价格"的形成. 可以看出, 是由一双看不见的手决定了商品的价格——称为均衡价格. 同时, 也研究了商品价格与生产技术的提高、生活水平的提高之间的关系.

第 11 章　瓦尔拉斯一般均衡. 供给必须满足需求, 这是保证社会稳定的最基本的条件. 瓦尔拉斯一般均衡理论证明了, 对于完全竞争的市场而言, 市场上的多种商品总存在一组价格 (称为均衡价格), 在这组价格体系之下, 能使供给满足需求. 这里所说的"完全竞争的市场"的最基本特征, 简单地说是: 市场上有众多的商品生产者, 也有众多的消费者, 并且商品的价格不能由少数人操纵和垄断等条件.

第 12 章　双头竞争模型——古诺模型. 第 10 章和第 11 章, 都是在经济学上所说的完全竞争市场的基础上讨论的. 本章和以下两章 (第 13 章和第 14 章) 的市场机制, 均属于不完全竞争的市场. 若某一行业完全被两个大厂商所垄断, 则称其为双头垄断.

双头垄断又有多种形式. 本章讨论两个厂商的地位

完全平等(即两厂商谁也不能主导谁),他们之间没有任何协商与合作,而且双方在选择各自的最优策略时,必须要考虑到对方也是在选择其最优策略.两个厂商之间的唯一联系是:虽然每个厂商可以独立确定自己商品的供给量,但价格却是与两个厂商对市场提供的该商品量之和所决定的.该模型称为"古诺模型".

第13章 具有主从关系的模型——斯塔伯格模型.本章的斯塔伯格模型,是讨论两个厂商具有主从关系的市场结构.所谓两个厂商具有主从关系是指:起主导地位的厂商Ⅰ(也被称为领导者)能够获得这样的信息,即当厂商Ⅰ决定生产产品的数量之后,厂商Ⅰ能够知道,处于从属地位的厂商Ⅱ(被称为追随者)能作出怎样的决策.厂商Ⅰ根据上述信息,首先作出最优决策;厂商Ⅱ只能跟随其后,再选取自己的最优决策.可以看出,处于"主导"地位的厂商Ⅰ所得到的利润,要多于处于从属地位的厂商Ⅱ所获得的利润.

第14章 厂商勾结——行业垄断的张伯伦模型.两个厂商之间不管是独立竞争(如第12章的古诺模型),还是处于主从关系的竞争(如第13章的斯坦伯格模型),双方在价格和利润方面都是彼此依存的.竞争的结果,会产生合作、联合、垄断等形式,统称为"勾结".张伯伦模型则是属于行业垄断. 它是以整个行业利润最大化为目标,掌控了该产品的产量、价格和利润. 可以看出,行业垄断商以减少商品的生产,依靠提高商品价格,获得高利润.

最后,作者在此衷心感谢对本书给予支持和帮助的各位专家和同仁.

作　者

2011 年 5 月

目 录

《美妙数学花园》丛书序

前言

第1章 生产者追求最大利润 ································ 1

    1.1 资源最优配置——厂商的最大利润模型 ····· 1

    1.2 附录：边际产出、生产函数、等高线和凹函数 ··· 6

第2章 厂商的最佳预算模型 ···························· 15

    2.1 厂商的最佳预算模型 ···························· 15

    2.2 非理智厂商的零结算模型 ···················· 24

    2.3 附录：无约束极值；拥挤——俱乐部函数 ··· 26

第3章 产出最大化和成本最小化 ···················· 35

    3.1 产出最大化模型 ···································· 35

    3.2 成本最小化模型 ···································· 40

    3.3 附录：梯度、拉格朗日乘子法、数学规划、图解法 ······························· 44

优化模型与经济

第4章 生产要素有限制的资源配置模型·················56
 4.1 生产要素有限制的产出最大化模型·············57
 4.2 库恩–塔克条件································64
 4.3 生产要素有限制的成本最小化模型·············72
 *4.4 附录：库恩–塔克定理··························81

第5章 中央对地方的资金分配模型······················85
 5.1 集中决策模型··································85
 5.2 分散决策模型··································90
 5.3 资金分配的办法——试错法······················91

第6章 多阶段生产的动态优化模型······················99
 6.1 问题的提出····································99
 6.2 三阶段生产的优化模型··························99
 6.3 多阶段原料配置的动态规划模型·················102
 *6.4 附录：动态规划的最优化原理····················108

第7章 工厂如何制定生产计划···························114
 7.1 安排生产计划的优化模型························115
 7.2 厂商的生产函数································119
 *7.3 对偶规划模型及其性质··························128

第8章 福利最大化模式·································136
 8.1 引论··136
 8.2 多目标数学规划的Pareto最优解··················138
 8.3 多目标规划的线性加权和方法····················142

目 录

8.4 福利最大化与多目标规划 ·············145

*8.5 附录：线性加权与 Pareto 最优············152

第 9 章 交换才能生财 —— 艾奇沃思盒状图········154

9.1 问题的提出·············154

9.2 艾奇沃思盒状图·············157

*9.3 附录：艾奇沃思盒状图中契约曲线的求法·············164

第 10 章 市场机制 —— 看不见的手·············168

10.1 供给函数和需求函数·············168

10.2 均衡价格·············170

10.3 均衡价格的另一种解释·············172

10.4 技术水平和收入水平变动与均衡价格····173

第 11 章 瓦尔拉斯一般均衡·············181

11.1 瓦尔拉斯均衡价格·············181

*11.2 附录：瓦尔拉斯均衡价格存在性的证明·············186

第 12 章 双头竞争模型 —— 古诺模型·············193

12.1 古诺模型·············194

12.2 双头竞争的厂商之间需要合作吗·········202

*12.3 附录：纳什均衡存在性的讨论··········204

第 13 章　具有主从关系的模型——斯塔伯格
　　　　　模型 ································ 208
　13.1　具有主从关系的双头模型 ············· 208
　13.2　斯塔伯格模型的数例分析 ············· 213
第 14 章　厂商勾结——行业垄断的张伯伦模型 ···· 217
　14.1　行业垄断的张伯伦模型 ················ 217
　14.2　张伯伦模型的数例分析 ················ 219
参考文献 ································· 223

第1章

生产者追求最大利润

1.1 资源最优配置——厂商的最大利润模型

如果你是一个企业的负责人,如果问你工作中最关心的是什么?你会回答:"是利润."在西方经济学中,将"消费者追求最大效用,生产者追求最大利润"作为一条最优化的准则. 这是因为假定消费者和生产者都是"完全理性"的.

在西方经济学的书中,将生产者或企业统称为"厂商". 厂商在进行生产的过程中,需要进行投入,如资本(资金)投入和劳动力投入等. 资本、劳动力等统称为"生产要素". 当一定数量的生产要素组合投入后,都有一个最大的产出(产值)与其对应. 于是,生产要素的投入与最大产出之间就构成了一种函数关系,这个函数称为"生产函数".

优化模型与经济

考虑具有两种生产要素的情况,第 1 种生产要素的投入量用 x_1 表示,第 2 种生产要素的投入量用 x_2 表示. 显然有

$$x_1 \geqslant 0, \quad x_2 \geqslant 0$$

最大产出用 y 表示 (产值). 于是,生产函数可以写为

$$y = f(x_1, x_2)$$

厂商用两种生产要素进行生产,需要向市场购买生产要素;厂商进行产品生产所需的全部费用称为成本. 利润是指产值减去成本的所得. 设

$$p_1 = 第 1 种生产要素的价格 (单价), \quad p_1 > 0$$

$$p_2 = 第 2 种生产要素的价格 (单价), \quad p_2 > 0$$

当第 1 种生产要素投入量为 x_1,第 2 种生产要素投入量为 x_2 时,成本为

$$p_1 x_1 + p_2 x_2$$

于是利润函数为

$$f(x_1, x_2) - (p_1 x_1 + p_2 x_2)$$

厂商的利润最大化模型是:确定生产要素的数量 x_1 和 x_2,使得利润最大,即优化模型

$$(\text{P}) \begin{cases} \max [f(x_1, x_2) - (p_1 x_1 + p_2 x_2)] \\ x_1 \geqslant 0 \\ x_2 \geqslant 0 \end{cases}$$

设 $\bar{x}_1, \bar{x}_2$ 是问题 (P) 的最优解, 也就是说对于任意生产要素组合 $x_1 \geqslant 0, x_2 \geqslant 0$, 都有

$$f(\bar{x}_1, \bar{x}_2) - (p_1 \bar{x}_1 + p_2 \bar{x}_2) \geqslant f(x_1, x_2) - (p_1 x_1 + p_2 x_2)$$

可以看出: (P) 的最优解 $\bar{x}_1, \bar{x}_2$ 是以利润最大化为目标的资源 (生产要素) 的最优配置.

由于利润函数对第 1 种生产要素的边际产值 (即增加一个小单位的第 1 种生产要素时, 利润函数的变化值, 见 1.2 节附录) 为

$$\begin{aligned} &\frac{\partial [f(x_1, x_2) - (p_1 x_1 + p_2 x_2)]}{\partial x_1} \\ =& \frac{\partial f(x_1, x_2)}{\partial x_1} - p_1 \\ =& \begin{cases} \text{若 ``} > 0\text{''}, & \text{则增大 } x_1 \text{ 时, 利润将增加} \\ \text{若 ``} < 0\text{''}, & \text{则减少 } x_1 \text{ 时, 利润将增加} \end{cases} \end{aligned}$$

因为 $\bar{x}_1, \bar{x}_2$ 为利润函数 $f(x_1, x_2) - (p_1 x_1 + p_2 x_2)$ 的最优解,

故必有
$$\frac{\partial f(\bar{x}_1,\bar{x}_2)}{\partial x_1}-p_1=0$$
类似地有
$$\frac{\partial f(\bar{x}_1,\bar{x}_2)}{\partial x_2}-p_2=0$$
由此得到
$$\begin{cases}\dfrac{\partial f(\bar{x}_1,\bar{x}_2)}{\partial x_1}-p_1=0 & (1.1)\\[2mm] \dfrac{\partial f(\bar{x}_1,\bar{x}_2)}{\partial x_2}-p_2=0 & (1.2)\end{cases}$$

式 (1.1) 和式 (1.2) 的经济含义是: 厂商为使其利润达到最大, 应该调整两种生产要素的组合, 直到生产函数对每种生产要素的边际产值等于生产要素的价格.

例 1.1 设生产函数为
$$f(x_1,x_2)=x_1^{\frac{1}{3}}x_2^{\frac{1}{3}}$$
两种生产要素的价格分别为
$$p_1=2,\quad p_2=1$$
此时利润函数
$$f(x_1,x_2)-(p_1x_1+p_2x_2)=x_1^{\frac{1}{3}}x_2^{\frac{1}{3}}-(2x_1+x_2)$$

利润最大化模型为

$$(P)\begin{cases} \max\left[x_1^{\frac{1}{3}}x_2^{\frac{1}{3}} - (2x_1 + x_2)\right] \\ x_1 \geqslant 0 \\ x_2 \geqslant 0 \end{cases}$$

若 $\bar{x}_1, \bar{x}_2$ 为 (P) 的最优解,由 (1.1), (1.2),则有

$$\begin{cases} \dfrac{\partial\left[f(\bar{x}_1, \bar{x}_2) - (p_1\bar{x}_1 + p_2\bar{x}_2)\right]}{\partial x_1} = \dfrac{1}{3}\bar{x}_1^{-\frac{2}{3}}\bar{x}_2^{\frac{1}{3}} - 2 = 0 \\ \dfrac{\partial\left[f(\bar{x}_1, \bar{x}_2) - (p_1\bar{x}_1 + p_2\bar{x}_2)\right]}{\partial x_2} = \dfrac{1}{3}\bar{x}_1^{\frac{1}{3}}\bar{x}_2^{-\frac{2}{3}} - 1 = 0 \end{cases}$$

即

$$\begin{cases} \dfrac{1}{3}\bar{x}_1^{-\frac{2}{3}}\bar{x}_2^{\frac{1}{3}} - 2 = 0 \\ \dfrac{1}{3}\bar{x}_1^{\frac{1}{3}}\bar{x}_2^{-\frac{2}{3}} - 1 = 0 \end{cases}$$

将上面第一式和第二式分别乘以 $\bar{x}_1$ 和 $\bar{x}_2$,知 $\bar{x}_2 = 2\bar{x}_1$,故上面方程组的解为

$$\bar{x}_1 = 2^{-2}3^{-3} = \frac{1}{108}, \quad \bar{x}_2 = 2^{-1}3^{-3} = \frac{1}{54}$$

于是,厂商的最大利润为

$$\bar{x}_1^{\frac{1}{3}}\bar{x}_2^{\frac{1}{3}} - (2\bar{x}_1 + \bar{x}_2) = 2^{-1}3^{-2} - 3^{-3} = \frac{1}{54}$$

1.2 附录：边际产出、生产函数、等高线和凹函数

1.2.1 $f(x_1, x_2)$ 的偏微商 (边际产出)

当变量 x_2 固定不变，变量 x_1 改变为 $x_1 + \Delta$ 时，函数值为 $f(x_1 + \Delta, x_2)$. 此时相对变化率为

$$\frac{f(x_1 + \Delta, x_2) - f(x_1, x_2)}{(x_1 + \Delta) - x_1} = \frac{f(x_1 + \Delta, x_2) - f(x_1, x_2)}{\Delta}$$

令 $\Delta \to 0$，极限

$$\lim_{\Delta \to 0} \frac{f(x_1 + \Delta, x_2) - f(x_1, x_2)}{\Delta}$$

称为 $f(x_1, x_2)$ 在点 (x_1, x_2) 对变量 x_1 的偏微商，记为

$$\frac{\partial f(x_1, x_2)}{\partial x_1} = \lim_{\Delta \to 0} \frac{f(x_1 + \Delta, x_2) - f(x_1, x_2)}{\Delta}$$

类似地，$f(x_1, x_2)$ 在点 (x_1, x_2) 对变量 x_2 的偏微商，记为

$$\frac{\partial f(x_1, x_2)}{\partial x_2} = \lim_{\Delta \to 0} \frac{f(x_1, x_2 + \Delta) - f(x_1, x_2)}{\Delta}$$

偏微商 $\dfrac{\partial f(x_1, x_2)}{\partial x_1}, \dfrac{\partial f(x_1, x_2)}{\partial x_2}$ 也为变量 x_1, x_2 的函数. 若偏微商为连续函数，则称 $f(x_1, x_2)$ 为具有一阶连续偏微商的函数.

当 $f(x_1, x_2)$ 为生产函数时，称 $\dfrac{\partial f(x_1, x_2)}{\partial x_1}$ 为对第 1 种生产要素的边际产出. 其经济含义是：当第 1 种生产要素由 x_1 增加一个小单位，而第 2 种生产要素的投入 x_2 不变时，生产函数的增加值为 $\dfrac{\partial f(x_1, x_2)}{\partial x_1}$. 对于偏微商 $\dfrac{\partial f(x_1, x_2)}{\partial x_2}$ 的经济含义与 $\dfrac{\partial f(x_1, x_2)}{\partial x_2}$ 类似，不另外叙述.

当 $f(x_1, x_2)$ 给定后，例如求 $\dfrac{\partial f(x_1, x_2)}{\partial x_1}$ 时，可以将变量 x_2 暂时看成"常数"，按单变量 x_1 的函数的求导公式求得偏微商.

例 1.2 考虑

(i) 若 $f(x_1, x_2) = x_1^\alpha x_2^\beta$，$x_1 > 0$，$x_2 > 0$，则

$$\frac{\partial f(x_1, x_2)}{\partial x_1} = \frac{\partial (x_1^\alpha x_2^\beta)}{\partial x_1} = \alpha x_1^{\alpha-1} x_2^\beta$$

$$\frac{\partial f(x_1, x_2)}{\partial x_2} = \frac{\partial (x_1^\alpha x_2^\beta)}{\partial x_2} = \beta x_1^\alpha x_2^{\beta-1}$$

(ii) 若 $f(x_1, x_2) = (x_1 - 1)^2 + (x_2 - 3)^2$，则

$$\frac{\partial f(x_1, x_2)}{\partial x_1} = \frac{\partial \left[(x_1 - 1)^2 + (x_2 - 3)^2\right]}{\partial x_1} = 2(x_1 - 1)$$

$$\frac{\partial f(x_1, x_2)}{\partial x_2} = \frac{\partial \left[(x_1 - 1)^2 + (x_2 - 3)^2\right]}{\partial x_2} = 2(x_2 - 3)$$

1.2.2 生产函数 $f(x_1, x_2)$

在经济学中，对生产函数 $f(x_1, x_2)$ 都需作一些假设：

(i) $f(x_1, x_2)$ 的定义域为 $x_1 \geqslant 0, x_2 \geqslant 0$.

(ii) 若 $x_1 > 0, x_2 > 0$，则 $f(x_1, x_2) > 0$；若 $x_1 = 0$ 或 $x_2 = 0$，则 $f(x_1, x_2) = 0$；

(iii) 当 $x_1 > 0, x_2 > 0$ 时，$f(x_1, x_2)$ 具有一阶连续偏微商，并且
$$\frac{\partial f(x_1, x_2)}{\partial x_1} > 0, \quad \frac{\partial f(x_1, x_2)}{\partial x_2} > 0$$
(于是，若 $(x_1, x_2), (\hat{x}_1, \hat{x}_2)$，满足
$$x_1 > \hat{x}_1, x_2 \geqslant \hat{x}_2 \text{ 或 } x_1 \geqslant \hat{x}_1, x_2 > \hat{x}_2$$
则有 $f(x_1, x_2) > f(\hat{x}_1, \hat{x}_2)$，即 $f(x)$ 为严格单调增函数).

(iv) $f(x_1, x_2)$ 为凹函数 (见本附录中的 1.2.4).

1.2.3 等高线

考虑函数 $y = f(x_1, x_2)$. 在二维坐标系 Ox_1x_2 中，任意给定 x_1, x_2，得到函数值 $y = f(x_1, x_2)$. 于是在三维坐标系 Ox_1x_2y 中得到一个点 (x_1, x_2, y)，其中 $y = f(x_1, x_2)$. 可知对任意 x_1, x_2，在三维空间中得到由所有点 $(x_1, x_2, f(x_1, x_2))$ 构成的一个曲面.

设 α 为给定的实数,考虑函数 $y = \alpha$. 它表示不论 x_1, x_2 取值如何,函数值均为 α. 因此 $y = \alpha$ 表示平行于自变量平面 x_1, x_2 的一个平面. 现在,在三维空间中,曲面 $y = f(x_1, x_2)$ 和平面 $y = \alpha$ 相交于一条曲线

$$L' = \{(x_1, x_2, \alpha) | f(x_1, x_2) = \alpha\}$$

可见,曲线 L' 上任意一点距自变量平面 $x_1 x_2$ 的高度均为 α. 将曲线 L' 向自变量平面 $x_1 x_2$ 作垂直投影,在自变量平面 $x_1 x_2$ 上得到曲线 (图 1.1)

$$L = \{(x_1, x_2) | f(x_1, x_2) = \alpha\}$$

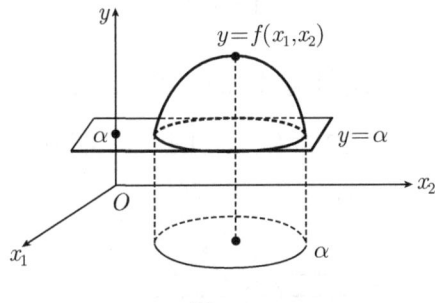

图 1.1

当我们逐次取 $\alpha = \alpha_1, \alpha = \alpha_2, \alpha = \alpha_3, \cdots, \alpha = \alpha_k, \cdots$,其中

$$\alpha_1 > \alpha_2 > \alpha_3 > \cdots > \alpha_k > \cdots$$

在自变量平面 $x_1 x_2$ 上,得到一组曲线 $L_1, L_2, L_3, \cdots, L_k, \cdots$. 因为在同一条曲线上点的函数值都相同,因此称 $L_1, L_2,$

$L_3, \cdots, L_k, \cdots$ 为一组等高线, 其中

$$L_k = \{(x_1, x_2) | f(x_1, x_2) = \alpha_k\}, \quad k = 1, 2, 3, \cdots$$

如图 1.2 所示.

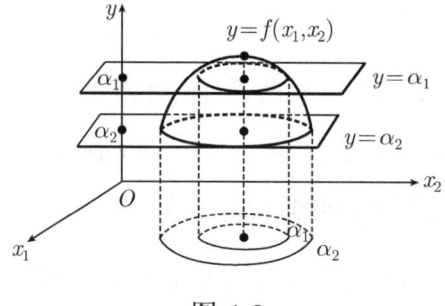

图 1.2

当 $f(x_1, x_2)$ 为线性函数时 (即 $f(x_1, x_2) = \alpha_1 x_1 + \alpha_2 x_2$), 等高线为一组平行的直线, 见图 1.3, 图中 $\alpha_1 > \alpha_2 > \alpha_3 > 0$.

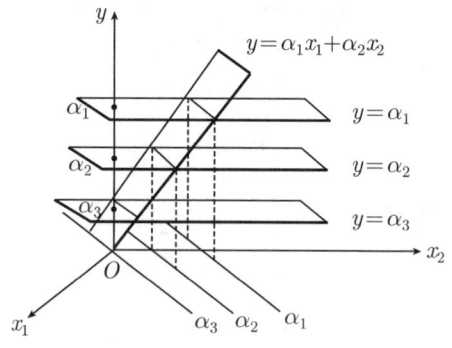

图 1.3

例 1.3 设

$$f(x_1, x_2) = -[x_1^2 + (x_2-1)^2]$$

它的等高线 (这里 $c_k < 0, \alpha_k > 0, k = 1, 2, 3, \cdots$)

$$-[x_1^2 + (x_2-1)^2] = -(\alpha_k)^2 = c_k, \quad k = 1, 2, 3, \cdots$$

是以 $(0,1)$ 为圆心, α_k 为半径的圆, 见图 1.4. 图中 $0 > c_1 > c_2 > c_3$.

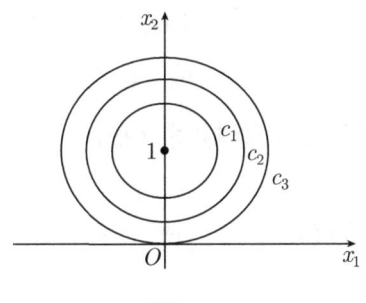

图 1.4

1.2.4 凹函数

考虑 $y = f(x_1, x_2)$. 我们是这样定义"凹函数"的: 若对于任意 (x_1, x_2) 和 $(\hat{x}_1, \hat{x}_2)$, 以及任意实数 $\lambda \in [0,1]$, 都有

$$f(\lambda x_1 + (1-\lambda)\hat{x}_1, \lambda x_2 + (1-\lambda)\hat{x}_2)$$
$$\geqslant \lambda f(x_1, x_2) + (1-\lambda)f(\hat{x}_1, \hat{x}_2)$$

则称 $f(x_1, x_2)$ 为凹函数.

上述凹函数是用"割线"定义的, 即"任意割线都在曲线之下". 图 1.5 中, 在自变量平面 $x_1 x_2$ 上, 任取两点 A 和 B. 其中, A 点坐标为 (x_1^0, x_2^0), B 点坐标为 $(\hat{x}_1, \hat{x}_2)$, 连接 A 和 B 的连线上的点 C 的坐标为

$$\lambda(x_1^0, x_2^0) + (1-\lambda)(\hat{x}_1, \hat{x}_2) = (\lambda x_1^0 + (1-\lambda)\hat{x}_1, \lambda x_2^0 + (1-\lambda)\hat{x}_2)$$

其中 $\lambda \in [0, 1]$. A 点的函数值为 $f(x_1^0, x_2^0)$, B 点的函数值为 $f(\hat{x}_1, \hat{x}_2)$, C 点的函数值为 $f(\lambda x_1^0 + (1-\lambda)\hat{x}_1, \lambda x_2^0 + (1-\lambda)\hat{x}_2)$, 于是在三维坐标系 $Ox_1 x_2 y$ 中, 有

A' 点的坐标为 $(x_1^0, x_2^0, f(x_1^0, x_2^0))$

B' 点的坐标为 $(\hat{x}_1, \hat{x}_2, f(\hat{x}_1, \hat{x}_2))$

C' 点的坐标为(C' 点在 A' 点和 B' 点的连线上)

$$\lambda\left(x_1^0, x_2^0, f(x_1^0, x_2^0)\right) + (1-\lambda)\left(\hat{x}_1, \hat{x}_2, f(\hat{x}_1, \hat{x}_2)\right)$$
$$= (\lambda x_1^0 + (1-\lambda)\hat{x}_1, \lambda x_2^0 + (1-\lambda)\hat{x}_2,$$
$$\lambda f(x_1^0, x_2^0) + (1-\lambda)f(\hat{x}_1, \hat{x}_2))$$

在点 $(\lambda x_1^0 + (1-\lambda)\hat{x}_1, \lambda x_2^0 + (1-\lambda)\hat{x}_2)$ 的函数值为

$$f\left(\lambda x_1^0 + (1-\lambda)\hat{x}_1, \lambda x_2^0 + (1-\lambda)\hat{x}_2\right)$$

图 1.5 中点 C''' 的坐标为

$(\lambda x_1^0+(1-\lambda)\hat{x}_1, \lambda x_2^0+(1-\lambda)\hat{x}_2, f(\lambda x_1^0+(1-\lambda)\hat{x}_1, \lambda x_2^0+(1-\lambda)\hat{x}_2))$

由于 C' 在平面 L_2 上, C''' 在平面 L_1 上, 而且平面 L_1 在平面 L_2 之上, 故对任意 $\lambda \in [0,1]$ 都有

$f(\lambda x_1^0+(1-\lambda)\hat{x}_1, \lambda x_2^0+(1-\lambda)\hat{x}_2) \geqslant \lambda f(x_1^0, x_2^0)+(1-\lambda)f(\hat{x}_1, \hat{x}_2)$

也就是说, "割线 $A'C'B'$ 在曲线 $A'C'''B'$ 之下".

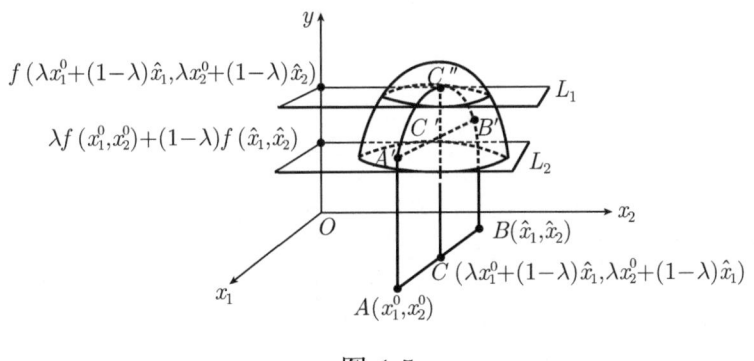

图 1.5

类似于凹函数, 也可以定义凸函数. 若对于任意 (x_1, x_2) 和 $(\hat{x}_1, \hat{x}_2)$, 以及任意实数 $\lambda \in [0,1]$, 都有

$f(\lambda x_1+(1-\lambda)\hat{x}_1, \lambda x_2+(1-\lambda)\hat{x}_2) \leqslant \lambda f(x_1, x_2)+(1-\lambda)f(\hat{x}_1, \hat{x}_2)$

则称 $f(x_1,x_2)$ 为凸函数. 见图 1.6. 可见, $f(x_1,x_2)$ 为凸函数的充分必要条件是: $-f(x_1,x_2)$ 为凹函数.

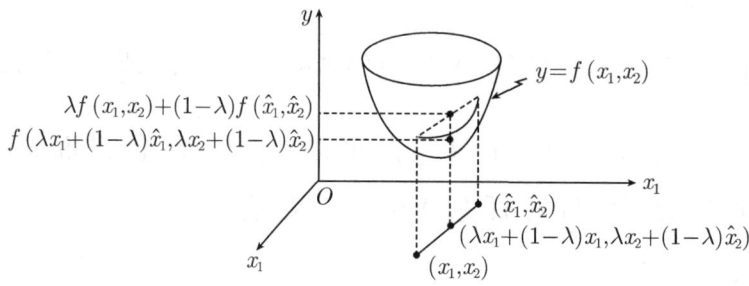

图 1.6

第 2 章

厂商的最佳预算模型

用两种生产要素进行生产,厂商需要从原料市场上购买生产要素,事先要计划出购买生产要素的总花费,即预算.经济学中,预算可以泛指对生产要素投入的总成本.预算小了,不能获得最大利润;预算大了,可能造成投入的浪费.因此,厂商需要确定最佳预算.

本章也将讨论"非理智厂商"的零结算模型.所谓"零结算"是指:厂商一经给出预算后,要求将预算全部用完,并追求利润最大化.零结算的要求是"非理性"的.可以看出:当预算大于最佳预算时,零结算的投入会产生"拥挤"迹象.这里的"拥挤"(congestion),是指投入增加时,利润不但不会增大,反而会减小.

2.1 厂商的最佳预算模型

厂商用两种生产要素进行生产,需要向市场购买生产要素,x_1 为第 1 种生产要素的数量,x_2 为第 2 种生产

要素的数量, $x_1 \geqslant 0, x_2 \geqslant 0$. 已知

$f(x_1, x_2) =$ 生产函数 (产值)

$p_1 =$ 第 1 种生产要素的价格 (单价), $\quad p_1 > 0$

$p_2 =$ 第 2 种生产要素的价格 (单价), $\quad p_2 > 0$

$B =$ 厂商的预算

考虑具有预算 B 的利润最大化模型

$$(\mathrm{P}_B) \begin{cases} \max \ [f(x_1, x_2) - (p_1 x_1 + p_2 x_2)] = F(B) \\ p_1 x_1 + p_2 x_2 \leqslant B \\ x_1 \geqslant 0, x_2 \geqslant 0 \end{cases}$$

对于给定的预算 $B, B \geqslant 0$, 由优化模型 (P_B) 可以得到相应于预算 B 的最大利润. 也就是说, 厂商的最大利润是关于预算 B 的函数 (称为"利润函数"), 记为 $F(B)$, 其定义域为

$$\Omega = \{B | B \geqslant 0\}$$

再考虑

$$(\mathrm{P}^*) \begin{cases} \max F(B) \\ B \geqslant 0 \end{cases}$$

设 B^* 为 (P*) 的最优解. 若对于任意满足 $B \geqslant 0$ 的 B, 都有

$$F(B^*) \geqslant F(B)$$

称 B^* 为厂商的 "最佳预算". 可见, 最佳预算 B^* 是使得在生产要素的价格 p_1, p_2 给定的情况下, 厂商不但能获取最大利润 $F(B^*)$, 也是获最大利润的函数 $F(B)$ 中, 使得 $F(B)$ 取最大的值为 $F(B^*)$(也即 (P*) 的最优解为 B^*).

函数 $F(B)$ 的性质

(i) 若 $\hat{B} > B \geqslant 0$, 则

$$F(\hat{B}) \geqslant F(B)$$

即 $P(B)$ 为定义在 Ω 上的单调增函数. 实际上, 由 $\hat{B} > B$, 有

$$p_1 x_1 + p_2 x_2 \leqslant B < \hat{B}$$

于是, 有

$$\left\{(x_1, x_2) \,\middle|\, \begin{array}{l} p_1 x_1 + p_2 x_2 \leqslant B \\ x_1 \geqslant 0, x_2 \geqslant 0 \end{array} \right\} \subset \left\{(x_1, x_2) \,\middle|\, \begin{array}{l} p_1 x_1 + p_2 x_2 \leqslant \hat{B} \\ x_1 \geqslant 0, x_2 \geqslant 0 \end{array} \right\}$$

因为在大的约束集合中求最大的值 $F(\hat{B})$, 大于或等于在较小的约束集合中求最大的值 $F(B)$. 即

$$F(\hat{B}) \geqslant F(B)$$

(ii) 对于厂商的最佳预算 B^* 而言, 若 $B > B^*$, 则有

$$F(B) = F(B^*)$$

实际上, 由性质 (i), 有

$$F(B) \geqslant F(B^*) \qquad (2.1)$$

又由 B^* 是最佳预算, 因此也有

$$F(B^*) \geqslant F(B) \qquad (2.2)$$

由 (2.1) 和 (2.2), 知当 $B > B^*$ 时, 有 $F(B) = F(B^*)$.

(iii) 考虑厂商单纯追求利润最大的模型 $(\hat{P})$(注意 $(\hat{P})$ 与 (P_B) 不同之处是: $(\hat{P})$ 中没有预算约束 $p_1x_1+p_2x_2 \leqslant B$)

$$(\hat{P}) \begin{cases} \max\ [f(x_1, x_2) - (p_1x_1 + p_2x_2)] \\ x_1 \geqslant 0, \quad x_2 \geqslant 0 \end{cases}$$

设 $(\hat{P})$ 的最优解为 x_1^*, x_2^*. 令

$$B^* = p_1x_1^* + p_2x_2^*$$

则 B^* 为厂商的最佳预算 (证明见 2.3 节附录).

例 2.1 考虑厂商单纯追求最大利润的模型(注意:该模型中没有预算限制)

$$(\hat{P}) \begin{cases} \max \ [f(x_1, x_2) - (p_1 x_1 + p_2 x_2)] \\ x_1 \geqslant 0, x_2 \geqslant 0 \end{cases}$$

设生产函数为

$$f(x_1, x_2) = 3 x_1^{\frac{1}{3}} x_2^{\frac{1}{3}}$$

生产要素的价格为

$$p_1 = 1, p_2 = 1$$

此时, $(\hat{P})$ 为

$$(\hat{P}) \begin{cases} \max \ \left[3 x_1^{\frac{1}{3}} x_2^{\frac{1}{3}} - (x_1 + x_2)\right] \\ x_1 \geqslant 0, x_2 \geqslant 0 \end{cases}$$

设 x_1^*, x_2^* 为 $(\hat{P})$ 的最优解. 由于取

$$x_1^0 = 1, \quad x_2^0 = 1$$

时, $(\hat{P})$ 的目标函数值

$$3 {x_1^0}^{\frac{1}{3}} {x_2^0}^{\frac{1}{3}} - (x_1^0 + x_2^0) = 1 > 0$$

可知 ($\hat{P}$) 的最优解必满足

$$x_1^* > 0, \quad x_2^* > 0$$

于是 x_1^*, x_2^* 满足 (见附录 2.3.1 小节)

$$\begin{cases} \dfrac{\partial \left[f(x_1^*, x_2^*) - (p_1 x_1^* + p_2 x_2^*)\right]}{\partial x_1} = x_1^{*-\frac{2}{3}} x_2^{*\frac{1}{3}} - 1 = 0 \\ \dfrac{\partial \left[f(x_1^*, x_2^*) - (p_1 x_1^* + p_2 x_2^*)\right]}{\partial x_2} = x_1^{*\frac{1}{3}} x_2^{*-\frac{2}{3}} - 1 = 0 \end{cases}$$

故

$$x_1^* = x_2^* = 1$$

由性质 (iii), 知厂商的最佳预算

$$B^* = x_1^* + x_2^* = 2$$

并且厂商的最大利润

$$F(B^*) = 3 x_1^{*\frac{1}{3}} x_2^{*\frac{1}{3}} - (x_1^* + x_2^*) = 1.$$

例 2.2 本例与例 2.1 相同. 这里是要求出利润函数 $F(B)$ 的表达式, 其中

$$f(x_1, x_2) = 3 x_1^{\frac{1}{3}} x_2^{\frac{1}{3}}$$

$$p_1 = 1, \quad p_2 = 1$$

此时, 目标函数为

$$f(x_1, x_2) - (p_1 x_1 + p_2 x_2) = 3 x_1^{\frac{1}{3}} x_2^{\frac{1}{3}} - (2 x_1 + x_2)$$

若 B 为厂商的预算，$B \geqslant 0$，则厂商的预算模型为

$$(\mathrm{P}_B)\begin{cases} \max\ \left[3x_1^{\frac{1}{3}}x_2^{\frac{1}{3}} - (x_1 + x_2)\right] = F(B) \\ x_1 + x_2 \leqslant B \\ x_1 \geqslant 0, x_2 \geqslant 0 \end{cases}$$

设 (P_B) 的最优解为 $\bar{x}_1, \bar{x}_2$. 由于 (P_B) 中变量 x_1 和 x_2 的位置是对称的，故最优解必满足 $x_1 = x_2$. 记

$$x = x_1 = x_2$$

故 (P_B) 等价于单变量 x 的最优化问题

$$(\mathrm{P}'_B)\begin{cases} \max\ \left[3x^{\frac{2}{3}} - 2x\right] = F(B) \\ 2x \leqslant B \\ x \geqslant 0 \end{cases}$$

下面分析 (P'_B) 的目标函数

$$y = f(x_1, x_2) - (p_1 x_1 + p_2 x_2) = 3x^{\frac{2}{3}} - 2x$$

由

$$3x^{\frac{2}{3}} - 2x = x(3x^{-\frac{1}{3}} - 2) = 0$$

知利润函数与 x 轴交于 0 和 $\dfrac{27}{8}$. 再由

$$\dfrac{\mathrm{d}(3x^{\frac{2}{3}}-2x)}{\mathrm{d}x}=2x^{-\frac{1}{3}}-2\begin{cases}>0,&\text{当且仅当 }0<x<1\\=0,&\text{当且仅当 }x=1\\<0,&\text{当且仅当 }x>1\end{cases}$$

知利润函数：当 $0<x<1$ 时，为单调增函数；当 $x>1$ 时，为单调减函数；当 $x=1$ 时，利润函数取最大值.

由以上分析知利润函数 $y=3x^{\frac{2}{3}}-2x$ 的图形 (略图) 如图 2.1 所示.

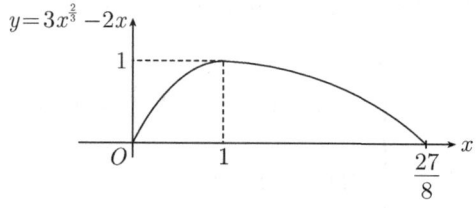

图 2.1

由 (P_B) 等价于 (P'_B)：

$$(\mathrm{P}'_B)\begin{cases}\max\ \left[3x^{\frac{2}{3}}-2x\right]=F(B)\\2x\leqslant B\\x\geqslant 0\end{cases}$$

可知 (P'_B) 的约束集合为
$$R = \left\{ x \mid 0 \leqslant x \leqslant \frac{B}{2} \right\}$$

分以下两种情况进行分析:

(i) 当 $\dfrac{B}{2} \leqslant 1$ 时, (P'_B) 的最优解 $\bar{x} = \dfrac{B}{2}$(图 2.2).

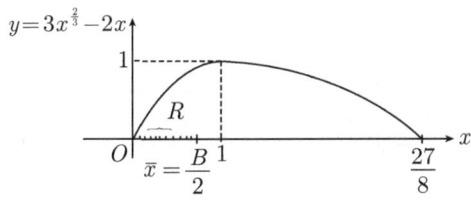

图 2.2

(ii) 当 $1 \leqslant \dfrac{B}{2}$ 时, (P'_B) 的最优解 $\bar{x} = 1$(图 2.3).

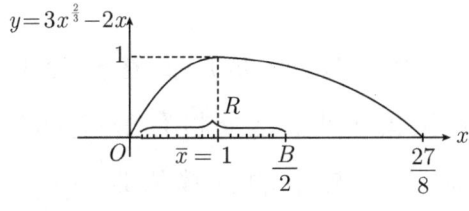

图 2.3

因此, 利润函数为 (图 2.4)
$$F(B) = \begin{cases} 3\left(\dfrac{B}{2}\right)^{\frac{2}{3}} - 2\left(\dfrac{B}{2}\right), & B \leqslant 2 \\ 1, & B \geqslant 2 \end{cases}$$

由图 2.4, 知最佳预算为

$$B^* = 2\bar{x} = 2$$

并且

$$F(B^*) = 1.$$

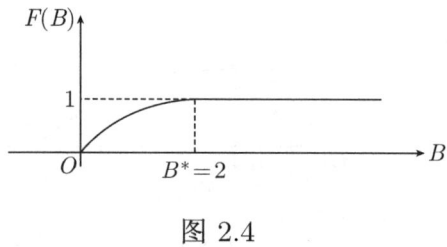

图 2.4

2.2 非理智厂商的零结算模型

所谓"零结算"模型, 是厂商在建立具有给定预算 B 的利润最大化模型时, 要求将预算全部投入到生产要素的购置, 即将上一节中的预算限制 $p_1x_1 + p_2x_2 \leqslant B$ 改为 $p_1x_1 + p_2x_2 = B$, 此时, 模型为

$$(\hat{\mathrm{P}}_B) \begin{cases} \max\,[f(x_1, x_2) - (p_1x_1 + p_2x_2)] = \hat{F}(B) \\ p_1x_1 + p_2x_2 = B \\ x_1 \geqslant 0, x_2 \geqslant 0 \end{cases}$$

我们将看到"零结算"可能引起的"弊端". 设 B^* 为最佳预算, 当 $B^* < B_1 < B_2$ 时, 将有

$$\hat{F}(B^*) > \hat{F}(B_1) > \hat{F}(B_2)$$

即当预算超过 B^* 时, 出现"拥挤"迹象 (投入增大时, 利润不但不会增加, 反而会减少). 详见以下例子.

例 2.3　仍设生产函数和生产要素的价格与例 2.2 中相同

$$f(x_1, x_2) = 3x_1^{\frac{1}{3}} x_2^{\frac{1}{3}}$$

$$p_1 = 1, \quad p_2 = 1$$

此时, 非理智厂商的零结算模型为

$$(\hat{\text{P}}_B) \begin{cases} \max \left[3x_1^{\frac{1}{3}} x_2^{\frac{1}{3}} - (x_1 + x_2) \right] = \hat{F}(B) \\ x_1 + x_2 = B \\ x_1 \geqslant 0, x_2 \geqslant 0 \end{cases}$$

类似于例 2.2 的分析, 因为 $(\hat{\text{P}}_B)$ 的最优解满足 $x_1 = x_2$, 故 $(\hat{\text{P}}_B)$ 可化为等价的单变量的问题

$$(\hat{\text{P}}'_B) \begin{cases} \max \left[3x^{\frac{2}{3}} - 2x \right] = \hat{F}(B) \\ 2x = B \\ x \geqslant 0 \end{cases}$$

可知 $(\hat{P}'_B)$ 的最优解 $\hat{x} = \dfrac{B}{2}$, 于是

$$\hat{F}(B) = 3(\dfrac{B}{2})^{\frac{2}{3}} - 2(\dfrac{B}{2}) = 3(\dfrac{B}{2})^{\frac{2}{3}} - B$$

如图 2.5 所示. 可见, 当 $B > B^* = 2$ 时, $\hat{F}(B)$ 为单调下降, 于是非理智厂商的预算 $B > B^*$ 时, 产生"拥挤"迹象.

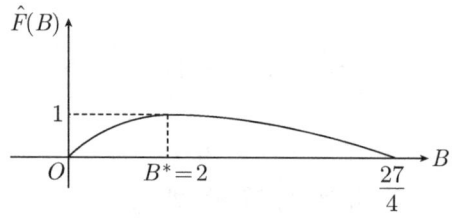

图 2.5

2.3 附录: 无约束极值; 拥挤 —— 俱乐部函数

2.3.1 无约束极值问题

考虑

$$(\text{P}) \begin{cases} \max f(x_1, x_2) \\ (x_1, x_2) \in E^2 \end{cases}$$

其中

$$f(x_1, x_2)\text{具有一阶连续偏微商}$$

$$E^2 = \{(x_1, x_2) | x_1, x_2 \text{为实数}\}$$

若 $\bar{x}_1, \bar{x}_2$ 为 (P) 的最优解, 则必有

$$\begin{cases} \dfrac{\partial f(\bar{x}_1, \bar{x}_2)}{\partial x_1} = 0 \\ \dfrac{\partial f(\bar{x}_1, \bar{x}_2)}{\partial x_2} = 0 \end{cases}$$

实际上, 由 $\bar{x}_1, \bar{x}_2$ 为 (P) 的最优解, 因此对任意 x_1, x_2, 有

$$f(\bar{x}_1, \bar{x}_2) \geqslant f(x_1, x_2)$$

特别地, 对任意 x_1, 有

$$f(\bar{x}_1, \bar{x}_2) \geqslant f(x_1, \bar{x}_2)$$

即 $\bar{x}_1$ 为下面单变量极值问题的最优解:

$$\max_{x_1} f(x_1, \bar{x}_2)$$

于是

$$\left. \dfrac{\mathrm{d}f(x_1, \bar{x}_2)}{\mathrm{d}x_1} \right|_{x_1 = \bar{x}_1} = 0$$

即
$$\frac{\partial f(\bar{x}_1, \bar{x}_2)}{\partial x_1} = \frac{\partial f(x_1, x_2)}{\partial x_1}\bigg|_{\substack{x_1=\bar{x}_1 \\ x_2=\bar{x}_2}} = 0$$

类似地, 也有
$$\frac{\partial f(\bar{x}_1, \bar{x}_2)}{\partial x_2} = 0$$

作为一个应用, 假设对于 $x_1 \geqslant 0, x_2 \geqslant 0$, 都有 $f(x_1, x_2) \geqslant 0$, 并且当 $x_1 = 0$ 或 $x_2 = 0$ 时, 有 $f(x_1, x_2) = 0$. 考虑

$$(\text{P}) \begin{cases} \max f(x_1, x_2) \\ x_1 \geqslant 0, x_2 \geqslant 0 \end{cases}$$

如果 (P) 存在 $x_1^0 > 0, x_2^0 > 0$ 满足
$$f(x_1^0, x_2^0) > 0$$

则 (P) 的最优解 $\bar{x}_1, \bar{x}_2$ 必有
$$\bar{x}_1 > 0, \quad \bar{x}_2 > 0$$

进而, 也有
$$\begin{cases} \dfrac{\partial f(\bar{x}_1, \bar{x}_2)}{\partial x_1} = 0 \\ \dfrac{\partial f(\bar{x}_1, \bar{x}_2)}{\partial x_2} = 0 \end{cases}$$

2.3.2 拥挤迹象 —— 俱乐部函数

在经济学中,描述投入的增大与产出增长的关系时,曾提出规模收益状况的概念:规模收益递增、规模收益不变、规模收益递减. 后来, 又有人研究另一种经济增长的形态 —— 拥挤迹象.

用生产函数 $y = f(x_1, x_2)$ 来描述是这样的:若生产要素的投入由原来的 (x_1, x_2) 增大为 k 倍, 即 $k(x_1, x_2)$(这里 $k > 1$), 产出的增长是大于 k 倍、等于 k 倍、小于 k 倍, 分别被称为规模收益递增、规模收益不变、规模收益递减. 例如, 著名的库帕 – 道格拉斯函数

$$y = Ax_1^\alpha x_2^\beta$$

当投入由 (x_1, x_2) 增大为 $k(x_1, x_2) = (kx_1, kx_2)$ 时, 产出的变化为

$$A(kx_1)^\alpha (kx_2)^\beta = k^{\alpha+\beta}(Ax_1^\alpha x_2^\beta) = k^{\alpha+\beta} y$$

将上式与 ky 进行比较 (这里 $\alpha + \beta > 0$), 可知当 $\alpha + \beta > 1$ 时, 则为规模收益递增; 当 $\alpha + \beta = 1$ 时, 则为规模收益不变; 当 $\alpha + \beta < 1$, 则为规模收益递减 (图 2.6).

另一种经济增长的形态 —— 拥挤, 它是一种特殊的经济增长的形态. 通常的生产函数 $f(x_1, x_2)$ 都假设为单

调增函数,即投入增大时,产出也会增大.然而,用来描述拥挤迹象的生产函数则完全不同:当投入增大时,产出不但不会增大,反而会减少(或者当投入减少时,产出会增大).这种函数被称为"俱乐部函数".例如高尔夫俱乐部,将俱乐部的会员数看作投入,当会员的数量达到某种饱和状态时,再增大会员数,高尔夫俱乐部的收入不但不会增加,反而会减少.再如,由 A 地向 B 地用卡车运货,投入为卡车数,产出为一天运货物的数量总和.一开始卡车数量较少时(例如一辆卡车),会出现规模收益递增状态;再增加一些卡车,会出现由规模收益递增到规模收益不变、直到规模收益递减.注意,上述三种状态,产出都是随着卡车数量的增加,产出(货运量)也是增大的,只不过增大的速度由快到慢而已.但是,当卡车数量增大到某个极限时(一种极端情况是,由 A 地到 B 地都布满了卡车),就出现了拥挤迹象.这也是使用拥挤一词的由来.

对于库帕-道格拉斯函数
$$y = Ax_1^\alpha x_2^\beta$$
当投入由 (x_1, x_2) 增大到 $k(x_1, x_2)$ 时(这里 $k > 1$),产出为
$$A(kx_1)^\alpha (kx_2)^\beta = k^{\alpha+\beta} A x_1^\alpha x_2^\beta = k^{\alpha+\beta} y$$

将上式与 ky 进行比较. 当出现"拥挤"迹象时, 有

$$k^{\alpha+\beta}y < ky$$

可见, 出现"拥挤"迹象的充分必要条件是 $\alpha+\beta<0$(图 2.6).

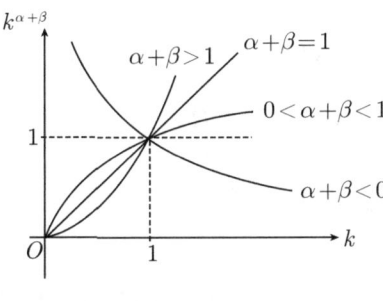

图 2.6

2.3.3 函数 $F(B)$ 的性质 (iii) 的证明.

性质 (iii)　考虑

$$(\hat{\mathrm{P}})\begin{cases} \max\,[f(x_1,x_2)-(p_1x_1+p_2x_2)] \\ x_1 \geqslant 0, x_2 \geqslant 0 \end{cases}$$

设最优解为 x_1^*, x_2^*. 并令

$$B^* = p_1x_1^* + p_2x_2^* \tag{2.3}$$

则 B^* 为厂商的最佳预算,即对于任意满足 $B \geqslant 0$ 的 B,都有

$$F(B^*) \geqslant F(B)$$

这里,记

$$(\mathrm{P}_B) \begin{cases} \max [f(x_1, x_2) - (p_1 x_1 + p_2 x_2)] = F(B) \\ p_1 x_1 + p_2 x_2 \leqslant B \\ x_1 \geqslant 0, x_2 \geqslant 0 \end{cases}$$

证明 由 (2.3),知 x_1^*, x_2^* 为 (P_{B^*}) 的可行解. 由 x_1^*, x_2^* 为 $(\hat{\mathrm{P}})$ 的最优解,并且

$$\left\{(x_1, x_2) \middle| p_1 x_1 + p_2 x_2 \leqslant B^*, x_1 \geqslant 0, x_2 \geqslant 0\right\}$$
$$\subset \left\{(x_1, x_2) \middle| x_1 \geqslant 0, x_2 \geqslant 0\right\}$$

知 x_1^*, x_2^* 也为 (P_{B^*}) 的最优解.

(a) 由 2.1 节性质 (i),对任意满足 $0 \leqslant B < B^*$ 的 B,有

$$F(B) \leqslant F(B^*)$$

(b) 要证: 对任意 $B \geqslant B^*$ 时, 有

$$F(B) = F(B^*)$$

实际上, 当 $B > B^*$ 时, 由

$$p_1 x_1^* + p_2 x_2^* = B^* < B$$

知 x_1^*, x_2^* 为下面问题 (P_B) 的可行解:

$$(P_B) \begin{cases} \max [f(x_1, x_2) - (p_1 x_1 + p_2 x_2)] = F(B) \\ p_1 x_1 + p_2 x_2 \leqslant B \\ x_1 \geqslant 0, \quad x_2 \geqslant 0 \end{cases}$$

又因 x_1^*, x_2^* 为 $(\hat{P})$ 的最优解, 以及

$$\left\{(x_1, x_2) \middle| p_1 x_1 + p_2 x_2 \leqslant B, x_1 \geqslant 0, x_2 \geqslant 0\right\}$$
$$\subset \left\{(x_1, x_2) \middle| x_1 \geqslant 0, x_2 \geqslant 0\right\}$$

故 x_1^*, x_2^* 也为 (P_B) 的最优解. 因此有

$$F(B) = f(x_1^*, x_2^*) - (p_1 x_1^* + p_2 x_2^*) = F(B^*)$$

由 (a) 和 (b), 对任意满足 $B \geqslant 0$ 的 B, 都有

$$F(B^*) \geqslant F(B).$$

得证.

第 3 章

产出最大化和成本最小化

厂商除了考虑利润最大化,也会应用产出最大化模型和成本最小化模型进行资源的最优配置. 已知

$p_1 =$ 第 1 种生产要素的价格, $\quad p_1 > 0$

$p_2 =$ 第 2 种生产要素的价格, $\quad p_2 > 0$

$f(x_1, x_2) =$ 生产函数(表示两种生产要素的投入分别为 x_1 和 x_2 时的最大产值为 $f(x_1, x_2)$)

其中

$x_1 =$ 第 1 种生产要素的数量, $\quad x_1 \geqslant 0$

$x_2 =$ 第 2 种生产要素的数量, $\quad x_2 \geqslant 0$

函数 $f(x_1, x_2)$ 满足通常的生产函数的一些性质,详见 1.2 节.

3.1 产出最大化模型

当第 1 种生产要素的投入为 x_1,第 2 种生产要素的投入为 x_2,C 表示成本. 厂商的希望是:在购买生产要

素的总花费不超过 C 的前提下, 使得产值 $f(x_1, x_2)$ 最大. 有如下模型:

$$(\text{P}_1) \begin{cases} \max f(x_1, x_2) \\ p_1 x_1 + p_2 x_2 \leqslant C \\ x_1 \geqslant 0, x_2 \geqslant 0 \end{cases}$$

此时约束集合为

$$R_1 = \{(x_1, x_2) |\ p_1 x_1 + p_2 x_2 \leqslant C, x_1 \geqslant 0, x_2 \geqslant 0\}$$

(见图 3.1).

生产函数 $f(x_1, x_2)$ 对应的等产量线 (即等高线) 如图 3.2 所示, 其中 $0 < Q_3 < Q_2 < Q_1$.

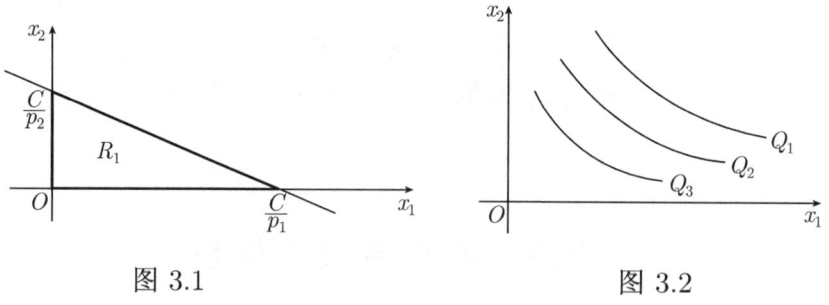

图 3.1 　　　　　　　图 3.2

如果将图 3.1 和图 3.2 合并为一个图, 则有图 3.3.

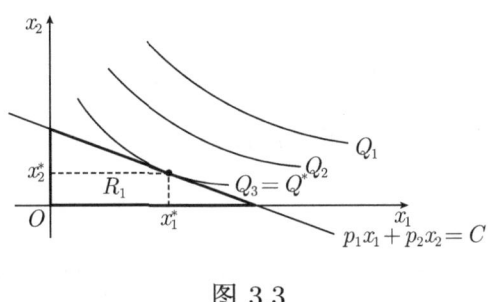

图 3.3

由图 3.3 可知 (P_1) 的最优解为 x_1^*, x_2^*, 最大产值为 $Q^* = f(x_1^*, x_2^*)$, 图中 $Q^* = Q_3$.

可知 (P_1) 的最优解 x_1^*, x_2^* 和最大产值 Q^* 都依赖于事先给定的成本 C. 就最大产值而言, 对于成本 $C(C \geqslant 0)$ 的给定值, 由 (P_1) 可以得到最大产值与其对应, 于是最大产值与成本 C 之间构成了一种函数关系, 记为 $F(C)$. 称 $F(C)$ 为"间接生产函数", 它表示购买生产要素的成本为 C 时, 最大产出为 $F(C)$, 其中, 函数值 $F(C)$ 由下面的产出最大化模型计算求出

$$(P_1) \begin{cases} \max f(x_1, x_2) = F(C) \\ p_1 x_1 + p_2 x_2 \leqslant C \\ x_1 \geqslant 0, x_2 \geqslant 0 \end{cases}$$

例 3.1 两种生产要素的数量分别为 x_1 和 x_2, 生产

函数为
$$f(x_1, x_2) = x_1^{\frac{1}{4}} x_2^{\frac{1}{4}}, \quad x_1 \geqslant 0, x_2 \geqslant 0,$$
若两种生产要素的价格分别为
$$p_1 = 1, \quad p_2 = 2$$
当总成本 $C = 4$ 时, 求最大产值 Q^*. 此时, 产值最大化模型为

$$(\text{P}_1) \begin{cases} \max x_1^{\frac{1}{4}} x_2^{\frac{1}{4}} \\ x_1 + 2x_2 \leqslant 4 \\ x_1 \geqslant 0, x_2 \geqslant 0 \end{cases}$$

我们注意到: 当 $x_1 = 0$, 或 $x_2 = 0$ 时, 目标函数 $f(x_1, x_2) = x_1^{\frac{1}{4}} x_2^{\frac{1}{4}} = 0$; 并且 $f(x_1, x_2)$ 为严格单调增函数, 故 (P_1) 的最优解必满足

$$x_1 > 0, \quad x_2 > 0, \quad x_1 + 2x_2 = 4$$

于是 (P_1) 等价于下面只含等式约束的问题 $(\bar{\text{P}}_1)$

$$(\bar{\text{P}}_1) \begin{cases} \max x_1^{\frac{1}{4}} x_2^{\frac{1}{4}} \\ x_1 + 2x_2 = 4 \end{cases}$$

设 $(\bar{\text{P}}_1)$ 的最优解为 x_1^*, x_2^*, 最大产值

$$Q^* = f(x_1^*, x_2^*)$$

由图 3.4 可知, 等产量线

$$f(x_1, x_2) = x_1^{\frac{1}{4}} x_2^{\frac{1}{4}} = Q^*$$

与等成本线

$$x_1 + 2x_2 = 4$$

在点 $(x_1^*, x_2^*)^{\mathrm{T}}$ 相切. 也即 $x_1 + 2x_2 = 4$ 为 $x_1^{\frac{1}{4}} x_2^{\frac{1}{4}} = Q^*$ 的切线 (图 3.4). 而

$$\begin{cases} \dfrac{\partial \left(x_1^{\frac{1}{4}} x_2^{\frac{1}{4}} \right)}{\partial x_1} = \dfrac{1}{4} x_1^{-\frac{3}{4}} x_2^{\frac{1}{4}} \\ \dfrac{\partial \left(x_1^{\frac{1}{4}} x_2^{\frac{1}{4}} \right)}{\partial x_2} = \dfrac{1}{4} x_1^{\frac{1}{4}} x_2^{-\frac{3}{4}} \end{cases}$$

切线 $x_1 + 2x_2 = 4$ 的法方向为 $(1,2)$. 因此, 存在实数 $\lambda \in E^1$, 有

$$\left(\dfrac{1}{4} x_1^{-\frac{3}{4}} x_2^{\frac{1}{4}}, \dfrac{1}{4} x_1^{\frac{1}{4}} x_2^{-\frac{3}{4}} \right) = \lambda(1, 2)$$

即

$$\begin{cases} \dfrac{1}{4} x_1^{-\frac{3}{4}} x_2^{\frac{1}{4}} = \lambda \\ \dfrac{1}{4} x_1^{\frac{1}{4}} x_2^{-\frac{3}{4}} = 2\lambda \end{cases}$$

将上面两式分别乘以 x_1 和 x_2, 有

$$x_1^{\frac{1}{4}} x_2^{\frac{1}{4}} = 4\lambda x_1$$

$$x_1^{\frac{1}{4}} x_2^{\frac{1}{4}} = 8\lambda x_2$$

即 $x_1 = 2x_2$,再由
$$x_1 + 2x_2 = 4$$
知 (P$_1$) 的最优解 $x_1^* = 2, x_2^* = 1$,最大产值 $Q^* = x_1^{*\frac{1}{4}} x_2^{*\frac{1}{4}} = \sqrt[4]{2}$.

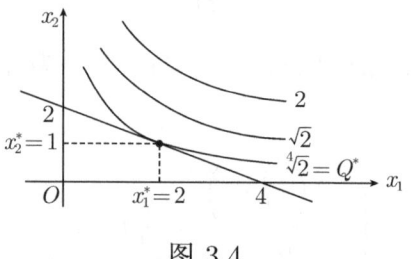

图 3.4

3.2 成本最小化模型

当第 1 种生产要素的投入为 x_1,第 2 种生产要素的投入为 x_2 时,此时产值为 $f(x_1, x_2)$. 厂商的希望是:在总产值不小于给定产值 Q 的前提下,如何确定购买两种生产要素的数量 x_1, x_2,使得总成本 $p_1 x_1 + p_2 x_2$ 最小. 有如下模型

$$(\text{P}_2) \begin{cases} \min\ (p_1 x_1 + p_2 x_2) \\ f(x_1, x_2) \geqslant Q \\ x_1 \geqslant 0, x_2 \geqslant 0 \end{cases}$$

(P$_2$) 的约束集合为

$$R_2 = \{(x_1, x_2) | f(x_1, x_2) \geqslant Q, x_1 \geqslant 0, x_2 \geqslant 0\}$$

见图 3.5.

目标函数 $p_1 x_1 + p_2 x_2$ 的等成本曲线 (即等高线) 如图 3.6 所示, 其中 $C_1 > C_2 > C_3 > 0$.

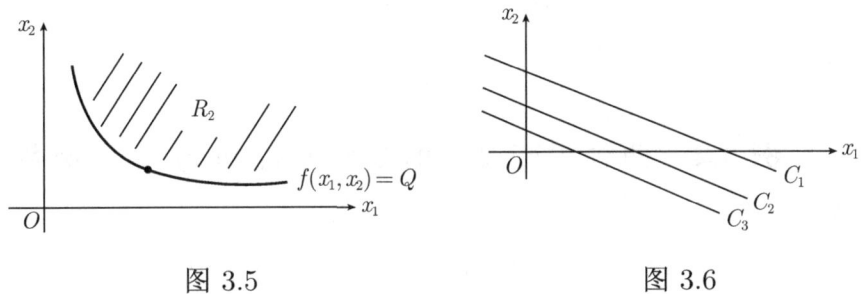

图 3.5　　　　　　　　图 3.6

将图 3.5 和图 3.6 合并为图 3.7. 可知 (P_2) 的最优解为 x_1^*, x_2^*, 最小成本为 $C^* = p_1 x_1^* + p_2 x_2^*$.

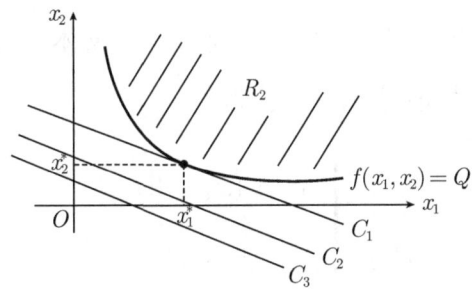

图 3.7

(P_2) 的最小值是依赖于事先给定的产值 Q. 对于产值 Q 的给定值, 由 (P_2) 可以得到最小成本与 Q 对应, 于

是最小成本与产值 Q 之间构成了一种函数关系,记为 $C(Q)$,称为"成本函数",即

$$(\text{P}_2) \begin{cases} \min\ (p_1 x_1 + p_2 x_2) = C(Q) \\ f(x_1, x_2) \geqslant Q \\ x_1 \geqslant 0, \quad x_2 \geqslant 0 \end{cases}$$

例 3.2 两种生产要素的数量为 x_1 和 x_2,生产函数为

$$f(x_1, x_2) = x_1^{\frac{1}{4}} x_2^{\frac{1}{4}}, \quad x_1 \geqslant 0, \quad x_2 \geqslant 0.$$

若两种生产要素的价格分别为

$$p_1 = 1, \quad p_2 = 2$$

当总产值不小于 $Q = \sqrt[4]{2}$ 时,求最小成本 C^*.

此时,成本最小化模型为

$$(\text{P}_2) \begin{cases} \min\ (x_1 + 2x_2) \\ x_1^{\frac{1}{4}} x_2^{\frac{1}{4}} \geqslant \sqrt[4]{2} \\ x_1 \geqslant 0, \quad x_2 \geqslant 0 \end{cases}$$

类似于在例 3.1 的分析,可知 (P_2) 等价于下面的只含等式约束的问题 $(\bar{\text{P}}_2)$

$$(\bar{P}_2) \begin{cases} \min(x_1 + 2x_2) \\ x_1^{\frac{1}{4}} x_2^{\frac{1}{4}} = \sqrt[4]{2} \end{cases}$$

对于 $(\bar{P}_2)$, 我们也可像例 3.1 那样进行求解. 然而, 我们也可以用 3.4 节中的拉格朗日乘子法进行求解. 从中将可以看出, 例 3.1 借助于图 3.4 求解的方法, 本质上就是拉格朗日乘子法.

令

$$L(x_1, x_2, \lambda) = (x_1 + 2x_2) - \lambda(x_1^{\frac{1}{4}} x_2^{\frac{1}{4}} - \sqrt[4]{2})$$

则

$$\begin{cases} \dfrac{\partial L(x_1, x_2, \lambda)}{\partial x_1} = 1 - \dfrac{\lambda}{4} x_1^{-\frac{3}{4}} x_2^{\frac{1}{4}} = 0 & (3.1) \\ \dfrac{\partial L(x_1, x_2, \lambda)}{\partial x_2} = 2 - \dfrac{\lambda}{4} x_1^{\frac{1}{4}} x_2^{-\frac{3}{4}} = 0 & (3.2) \\ \dfrac{\partial L(x_1, x_2, \lambda)}{\partial \lambda} = -(x_1^{\frac{1}{4}} x_2^{\frac{1}{4}} - \sqrt[4]{2}) = 0 & (3.3) \end{cases}$$

由 (3.1) 和 (3.2) 知

$$x_1 = 2x_2.$$

再由 (3.3) 可得

$$(2x_2)^{\frac{1}{4}} x_2^{\frac{1}{4}} = 2^{\frac{1}{4}}$$

可知 (P_2) 的最优解

$$x_1^* = 2, \quad x_2^* = 1$$

最小成本
$$C^* = x_1^* + 2x_2^* = 4$$
见图 3.8.

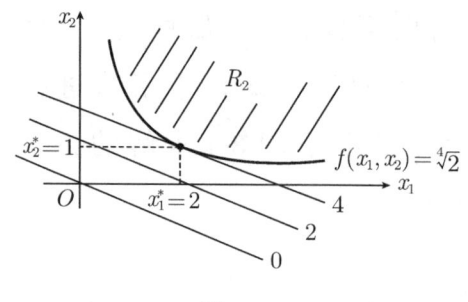

图 3.8

3.3 附录：梯度、拉格朗日乘子法、数学规划、图解法

3.3.1 梯度

设 $f(x_1, x_2)$ 为具有一阶连续偏微商的函数，(x_1^0, x_2^0) 为给定的点. 记

$$\nabla f(x_1, x_2) = \left(\frac{\partial f(x_1, x_2)}{\partial x_1}, \frac{\partial f(x_1, x_2)}{\partial x_2} \right)$$

将 $x_1 = x_1^0, x_2 = x_2^0$ 代入上式中，得到

$$\nabla f(x_1^0, x_2^0) = \left(\frac{\partial f(x_1^0, x_2^0)}{\partial x_1}, \frac{\partial f(x_1^0, x_2^0)}{\partial x_2} \right)$$

称 $\nabla f(x_1^0, x_2^0)$ 为 $f(x_1, x_2)$ 在点 (x_1^0, x_2^0) 的梯度.

梯度 $\nabla f(x_1^0, x_2^0)$ 的几何意义　(i) 梯度 $\nabla f(x_1^0, x_2^0)$ 是 $f(x_1, x_2)$ 在点 (x_1^0, x_2^0) 使得 $f(x_1, x_2)$ 增加最快的方向. 这里的"增加最快的方向", 实际上是指曲面 $y = f(x_1, x_2)$ 在点 (x_1^0, x_2^0) "最陡"的方向是梯度 $\nabla f(x_1^0, x_2^0)$.

(ii) 梯度 $\nabla f(x_1^0, x_2^0)$ 是 (x_1^0, x_2^0) 所在的等高线

$$L = \{(x_1, x_2) | f(x_1, x_2) = f(x_1^0, x_2^0)\}$$

在点 (x_1^0, x_2^0) 的切线 $\hat{L}$ 的法方向, 见图 3.9. 图中 $\alpha_1 > \alpha_2 > \alpha_3 > \alpha_4$. 由于性质 (i), $\nabla f(x_1^0, x_2^0)$ 是 $f(x_1, x_2)$ 在 (x_1^0, x_2^0) 点增加最快的方向, 所以 $\nabla f(x_1^0, x_2^0)$ 是与直线 $\hat{L}$ 垂直, 并且指向函数值比 $f(x_1^0, x_2^0) = \alpha_4$ 大的方向 (在图 3.9 中, 梯度 $\nabla f(x_1^0, x_2^0)$ 指向左上方).

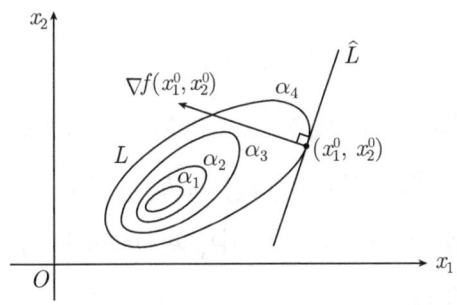

图 3.9

3.3.2 拉格朗日乘子法

拉格朗日乘子法是求解等式约束的最优解的方法. 考虑

$$(P)\begin{cases} \max f(x_1, x_2) \\ h(x_1, x_2) = 0 \end{cases}$$

它的几何意义见图 3.10. 图中约束集合为

$$R = \{(x_1, x_2) | h(x_1, x_2) = 0\}$$

并且

$$\alpha_1 > \alpha_2 > \alpha_3 > \alpha_4 > \cdots$$

由图可知 (P) 的最优解为 $\bar{x}_1, \bar{x}_2$. 此时, 目标函数的等高线

$$f(x_1, x_2) = \alpha_4 = f(\bar{x}_1, \bar{x}_2)$$

与约束

$$h(x_1, x_2) = 0$$

在点 $(\bar{x}_1, \bar{x}_2)$ 相切, 切线为 L. 由图 3.10 可知, 在点 $(\bar{x}_1, \bar{x}_2)$ 处, $f(x_1, x_2)$ 的梯度 $\nabla f(\bar{x}_1, \bar{x}_2)$ 与 $h(x_1, x_2)$ 的梯度 $\nabla h(\bar{x}_1, \bar{x}_2)$ 在同一条直线上. 在图 3.10 中, 两个梯度方向相同. 于是, 存在 $\bar{\lambda} > 0$, 满足

$$\nabla f(\bar{x}_1, \bar{x}_2) = \bar{\lambda} \nabla h(\bar{x}_1, \bar{x}_2) \tag{3.4}$$

以上的分析,有助于从几何直观上理解拉格朗日乘子法.

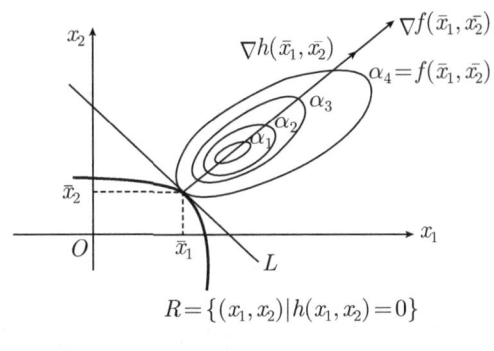

图 3.10

拉格朗日乘子法　　拉格朗日乘子法是将求具有等式约束的问题 (P) 转化为求一组方程组的解. 令拉格朗日函数为

$$L(x_1, x_2, \lambda) = f(x_1, x_2) - \lambda h(x_1, x_2)$$

称 λ 为拉格朗日乘子. 我们分别求拉格朗日函数 $L(x_1, x_2, \lambda)$ 对变量 x_1, x_2, λ 的偏微商, 构成包含有三个变量 x_1, x_2, λ 和三个方程的方程组, 即

$$\begin{cases} \dfrac{\partial L(x_1, x_2, \lambda)}{\partial x_1} = \dfrac{\partial f(x_1, x_2)}{\partial x_1} - \lambda \dfrac{\partial h(x_1, x_2)}{\partial x_1} = 0 & (3.5) \\ \dfrac{\partial L(x_1, x_2, \lambda)}{\partial x_2} = \dfrac{\partial f(x_1, x_2)}{\partial x_2} - \lambda \dfrac{\partial h(x_1, x_2)}{\partial x_2} = 0 & (3.6) \\ \dfrac{\partial L(x_1, x_2, \lambda)}{\partial \lambda} = -h(x_1, x_2) = 0 & (3.7) \end{cases}$$

设 $\bar{x}_1, \bar{x}_2, \bar{\lambda}$ 满足 (3.5), (3.6),(3.7). 将 (3.5), (3.6) 写成向量形式, 有

$$\left(\frac{\partial f(\bar{x}_1, \bar{x}_2)}{\partial x_1}, \frac{f(\bar{x}_1, \bar{x}_2)}{\partial x_2}\right) = \bar{\lambda}\left(\frac{\partial h(\bar{x}_1, \bar{x}_2)}{\partial x_1}, \frac{\partial h(\bar{x}_1, \bar{x}_2)}{\partial x_2}\right)$$

也即

$$\nabla f(\bar{x}_1, \bar{x}_2) = \bar{\lambda}\nabla h(\bar{x}_1, \bar{x}_2)$$

这正是图 3.10 中所展示的几何意义 (见式 (3.4)).

注意: 在 (3.5), (3.6), (3.7) 中对变量 λ 没有符号限制. 这是因为等式约束中, 约束集合

$$R = \{(x_1, x_2)|h(x_1, x_2) = 0\} = \{(x_1, x_2)| - h(x_1, x_2) = 0\}$$

这将导致在拉格朗日函数中, 使用 $h(x_1, x_2)$ 和使用 $-h(x_1, x_2)$, 得到的拉格朗日乘子将相差一个负号.

例 3.3 考虑

$$(\text{P})\begin{cases} \max x_1 x_2 \\ x_1 + x_2 - 2 = 0 \end{cases}$$

利用拉格朗日乘子法求 (P) 的最优解. 令

$$L(x_1, x_2, \lambda) = f(x_1, x_2) - \lambda h(x_1, x_2)$$
$$= x_1 x_2 - \lambda(x_1 + x_2 - 2)$$

因此
$$\begin{cases} \dfrac{\partial L(x_1,x_2,\lambda)}{\partial x_1} = x_2 - \lambda = 0 \\ \dfrac{\partial L(x_1,x_2,\lambda)}{\partial x_2} = x_1 - \lambda = 0 \\ \dfrac{\partial L(x_1,x_2,\lambda)}{\partial \lambda} = -(x_1 + x_2 - 2) = 0 \end{cases}$$

由此得到 (P) 的最优解 $\bar{x}_1, \bar{x}_2$, 以及拉格朗日乘子 $\bar{\lambda}$

$$\bar{x}_1 = \bar{x}_2 = \bar{\lambda} = 1.$$

由于 (P) 等价于

$$(\tilde{P}) \begin{cases} \max x_1 x_2 \\ -(x_1 + x_2 - 2) = 0 \end{cases}$$

此时, 拉格朗日函数为

$$\tilde{L}(x_1, x_2, \lambda) = x_1 x_2 - \lambda[-(x_1 + x_2 - 2)]$$

可得 ($\tilde{P}$) 的最优解和拉格朗日乘子

$$\tilde{x}_1 = \tilde{x}_2 = 1, \quad \tilde{\lambda} = -1.$$

注意: (P) 和 ($\tilde{P}$) 的最优解和拉格朗日乘子的关系, 有

$$\bar{x}_1 = \tilde{x}_1, \quad \bar{x}_2 = \tilde{x}_2, \quad \bar{\lambda} = -\tilde{\lambda}.$$

3.3.3 数学规划和图解法

数学规划是一种常见的最优化模型,称寻求最大化的函数 $f(x_1, x_2)$ 为目标函数;变量 x_1 和 x_2 需要满足一些由不等式所限制的条件:$g_1(x_1, x_2) \leqslant 0, g_2(x_1, x_2) \leqslant 0, \cdots, g_m(x_1, x_2) \leqslant 0$. 并且,在经济学中通常要求变量 x_1, x_2 满足非负性要求,即

$$x_1 \geqslant 0, \quad x_2 \geqslant 0$$

数学规划模型为

$$(\text{P}) \begin{cases} \max f(x_1, x_2) \\ g_i(x_1, x_2) \leqslant 0, \quad i = 1, 2, \cdots, m \\ x_1 \geqslant 0, \quad x_2 \geqslant 0 \end{cases}$$

(P) 的约束集合为

$$R = \left\{ (x_1, x_2) \middle| \begin{array}{l} g_i(x_1, x_2) \leqslant 0, \quad i = 1, 2, \cdots, m, \\ x_1 \geqslant 0, \quad x_2 \geqslant 0 \end{array} \right\}$$

定义 3.1 设 $(\bar{x}_1, \bar{x}_2) \in R$,若对任意 $(x_1, x_2) \in R$,都有

$$f(\bar{x}_1, \bar{x}_2) \geqslant f(x_1, x_2)$$

称 $\bar{x}_1, \bar{x}_2$ 为 (P) 的最优解. $f(\bar{x}_1, \bar{x}_2)$ 为 (P) 的最优值.

利用数学规划建模,除了求最优解之外,还可借助于最优解所满足的必要条件和充分条件研究某些经济特性.

图解法 对于含有两个变量的数学规划问题,可以借助于目标函数和约束函数的等高线,求得最优解或观察出最优解的大致位置,利用解方程求 (P) 的最优解. 这里,我们用两个例子给以说明.

例 3.4 考虑数学规划

$$(\mathrm{P})\begin{cases} \max f(x_1, x_2) \\ g_1(x_1, x_2) \leqslant 0 \\ x_1 \geqslant 0, \quad x_2 \geqslant 0 \end{cases}$$

其中

$$f(x_1, x_2) = x_1 x_2$$

$$g_1(x_1, x_2) = x_1 + x_2 - 2$$

即

$$\begin{cases} \max x_1 x_2 \\ x_1 + x_2 - 2 \leqslant 0 \\ x_1 \geqslant 0, \quad x_2 \geqslant 0 \end{cases}$$

(i) 目标函数的等高线为

$$L_\alpha = \{(x_1, x_2) \mid f(x_1, x_2) = x_1 x_2 = \alpha\}$$

其中

$$x_1 > 0, \quad x_2 > 0, \quad \alpha > 0$$

可知等高线为双曲线在第一象限中的一支.

(ii) 令

$$g_1(x_1, x_2) = x_1 + x_2 - 2 = 0$$

可知 $x_1 + x_2 - 2 = 0$ 是一条过两点 $(2,0)$ 和 $(0,2)$ 的直线.

(iii) 由于直线 $x_1 + x_2 - 2 = 0$ 将自变量平面分成两部分. 其中一部分中的点满足

$$x_1 + x_2 - 2 > 0$$

而另一部分中的点满足

$$x_1 + x_2 - 2 < 0$$

现在点 $(x_1^0, x_2^0) = (0,0)$, 使得

$$x_1^0 + x_2^0 - 2 = -2 < 0$$

因此

$$x_1 + x_2 - 2 < 0$$

是在直线 $x_1 + x_2 - 2 = 0$ 的左下方.(或者用约束函数 $x_1 + x_2 - 2$ 的梯度来确定 $g_1(x_1, x_2) = x_1 + x_2 - 2 \leqslant 0$ 的区域. 因为

$$\nabla g_1(x_1, x_2) = (1, 1)$$

而梯度是增加最快的方向,因此直线 $x_1 + x_2 - 2 = 0$ 的右上方为使 $x_1 + x_2 - 2 > 0$ 的区域. 于是直线的左下方使 $x_1 + x_2 - 2 < 0$.)

由 (i)~(iii) 可得到图 3.11. 图中约束集合为

$$R = \{(x_1, x_2) | x_1 + x_2 - 2 \leqslant 0, x_1 \geqslant 0, x_2 \geqslant 0\}$$

可知最优解为 $\bar{x}_1 = 1, \bar{x}_2 = 1$,并且最优值

$$f(\bar{x}_1, \bar{x}_2) = \bar{x}_1 \bar{x}_2 = 1.$$

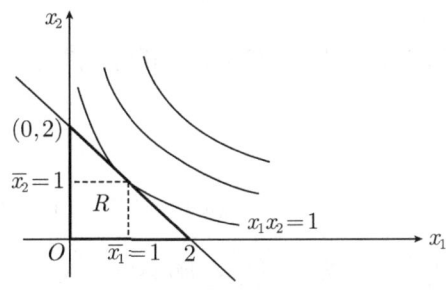

图 3.11

例 3.5 考虑

$$(P)\begin{cases} \max\ (x_1+x_2) \\ (x_1-1)^2+x_2^2 \leqslant 1 \\ x_1^2+(x_2-1)^2 \leqslant 1 \\ x_1 \geqslant 0, x_2 \geqslant 0 \end{cases}$$

(i) 画出目标函数的等高线

$$f(x_1,x_2)=x_1+x_2=0$$

$$f(x_1,x_2)=x_1+x_2=2$$

可知等高线向右上方移动时,目标函数值增大 (也可由梯度 $\nabla f(x_1,x_2)=(1,1)$ 看出).

(ii) 约束

$$g_1(x_1,x_2)=(x_1-1)^2+x_2^2-1 \leqslant 0$$

是以 (1,0) 为圆心,1 为半径的圆的内部 (包括圆周).

约束

$$g_1(x_1,x_2)=x_1^2+(x_2-1)^2-1 \leqslant 0$$

是以 (0,1) 为圆心,1 为半径的圆的内部 (包括圆周).

因此约束集合 R 是在第一象限中,并且是两圆相交的区域. 即

$$R = \{(x_1, x_2) | (x_1 - 1)^2 + x_2^2 \leqslant 1,$$
$$x_1^2 + (x_2 - 1)^2 \leqslant 1, x_1 \geqslant 0, x_2 \geqslant 0\}$$

由图 3.12 可知, (P) 的最优解 $\bar{x}_1, \bar{x}_2$, 满足

$$\begin{cases} (x_1 - 1)^2 + x_2^2 = 1 \\ x_1^2 + (x_2 - 1)^2 = 1 \\ x_1 > 0, \quad x_2 > 0 \end{cases}$$

解上述联立方程组, 得到 (P) 的最优解

$$\bar{x}_1 = 1, \quad \bar{x}_2 = 1$$

以及最优值

$$f(\bar{x}_1, \bar{x}_2) = \bar{x}_1 + \bar{x}_2 = 2.$$

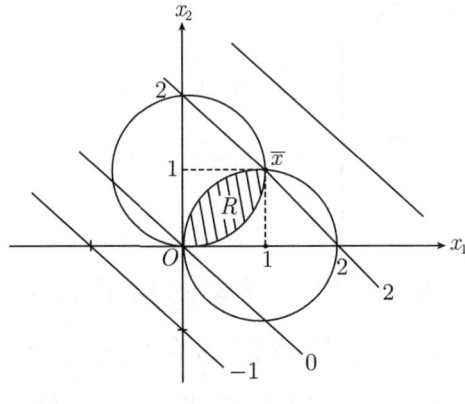

图 3.12

第 4 章
生产要素有限制的资源配置模型

第 3 章讨论了厂商在两种生产要素价格 p_1, p_2 给定的情况下, 产出最大化模型和成本最小化模型, 其中产出最大化模型为

$$(\mathrm{P}_1) \begin{cases} \max\ f(x_1, x_2) \\ p_1 x_1 + p_2 x_2 \leqslant C \\ x_1 \geqslant 0, x_2 \geqslant 0 \end{cases}$$

成本最小化模型为

$$(\mathrm{P}_2) \begin{cases} \min\ (p_1 x_1 + p_2 x_2) \\ f(x_1, x_2) \geqslant Q \\ x_1 \geqslant 0, x_2 \geqslant 0 \end{cases}$$

在 (P_1) 和 (P_2) 中, 对生产要素的数量 x_1 和 x_2 都没有上限限制. 但是, 在某些特定的场合或特定的时间内, 购买生产要素进行生产时, 生产要素中的一种或多种可能会有所限制. 例如要求

$$x_1 \leqslant a_1, \quad x_2 \leqslant a_2$$

在这种情况下, 虽然在建立模型上没有太多的难处, 但在对模型的分析和求解上, 却有本质的区别.

4.1 生产要素有限制的产出最大化模型

假设对生产要素 x_1 和 x_2 都有上限限制

$$x_1 \leqslant a_1, \quad x_2 \leqslant a_2$$

此时, 产值最大化模型为

$$(\hat{\mathrm{P}}_1) \begin{cases} \max \ f(x_1, x_2) \\ p_1 x_1 + p_2 x_2 \leqslant C \\ x_1 \leqslant a_1, x_2 \leqslant a_2 \\ x_1 \geqslant 0, x_2 \geqslant 0 \end{cases}$$

约束集合为 (图 4.1)

$$\hat{R}_1 = \left\{ (x_1, x_2) \;\middle|\; \begin{array}{l} p_1 x_1 + p_2 x_2 \leqslant C \\ x_1 \leqslant a_1, x_2 \leqslant a_2 \\ x_1 \geqslant 0, x_2 \geqslant 0 \end{array} \right\}$$

此时 $(\hat{P}_1)$ 的最优解 $\hat{x}_1, \hat{x}_2$ 的位置可有三种情况，分别由图 4.2, 图 4.3 和图 4.4 所示.

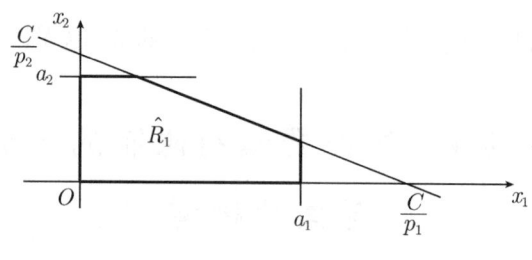

图 4.1

(i) $(\hat{P}_1)$ 的最优解满足 (图 4.2)

$$\hat{x}_1 < a_1, \quad \hat{x}_2 < a_2$$

即最优解不受约束

$$x_1 \leqslant a_1, \quad x_2 \leqslant a_2$$

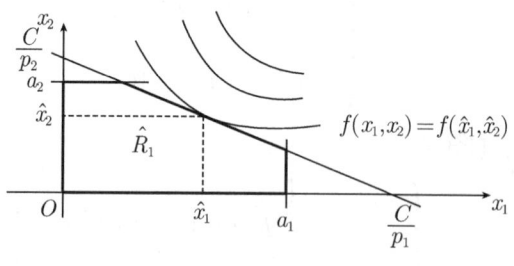

图 4.2

的限制. 由于等产量线

$$f(x_1, x_2) = f(\hat{x}_1, \hat{x}_2)$$

与等成本线

$$p_1 x_1 + p_2 x_2 = C$$

在点 $(\hat{x}_1, \hat{x}_2)$ 相切,称 $\hat{x}_1, \hat{x}_2$ 为"切点最优解".

(ii) $(\hat{P}_1)$ 的最优解 $\hat{x}_1, \hat{x}_2$ 位在约束集合 $\hat{R}_1$ 的"角点"(见图 4.3 和图 4.4) 称为"角点最优解". 在图 4.3 中,$(\hat{P}_1)$ 的最优解 $\hat{x}_1, \hat{x}_2$ 满足

$$\hat{x}_1 = a_1, \quad \hat{x}_2 < a_2$$

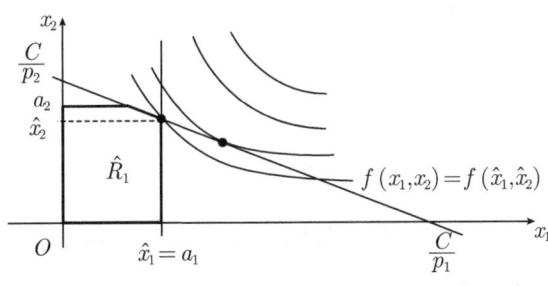

图 4.3

在图 4.4 中,$(\hat{P}_1)$ 的最优解 $\hat{x}_1, \hat{x}_2$ 满足

$$\hat{x}_1 < a_1, \quad \hat{x}_2 = a_2.$$

例 4.1 两种生产要素的数量为 x_1 和 x_2,生产函数为

$$f(x_1, x_2) = x_1^{\frac{1}{4}} x_2^{\frac{1}{4}}, \quad x_1 \geqslant 0, \quad x_2 \geqslant 0,$$

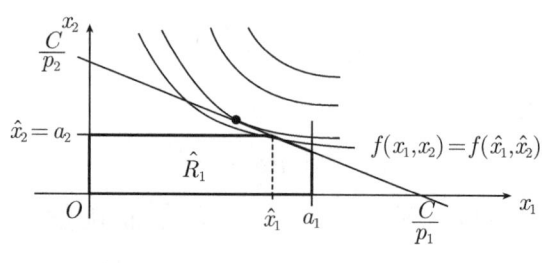

图 4.4

两种生产要素的价格分别为

$$p_1 = 1, \quad p_2 = 2$$

生产要素的限制为

$$x_1 \leqslant a_1 = 6$$

$$x_2 \leqslant a_2 = 3$$

当总成本 $C = 8$ 时,求 $(\hat{P}_1)$ 的最优解 $\hat{x}_1, \hat{x}_2$ 和最大产值.

此时,$(\hat{P}_1)$ 为

$$(\hat{P}_1) \begin{cases} \max \ x_1^{\frac{1}{4}} x_2^{\frac{1}{4}} \\ x_1 + 2x_2 \leqslant 8 \\ x_1 \leqslant 6, \quad x_2 \leqslant 3 \\ x_1 \geqslant 0, \quad x_2 \geqslant 0 \end{cases}$$

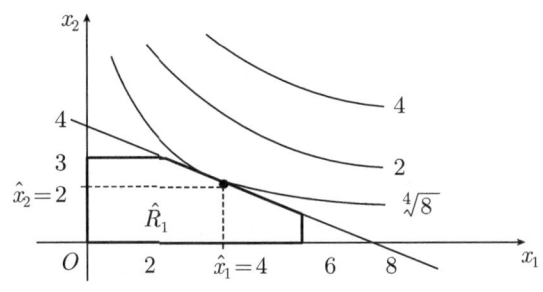

图 4.5

由图 4.5 可知, 等成本线 $x_1+2x_2=8$ 与等产量线
$$f(x_1,x_2)=x_1^{\frac{1}{4}}x_2^{\frac{1}{4}}=\hat{x}_1^{\frac{1}{4}}\hat{x}_2^{\frac{1}{4}}$$
在点 $(\hat{x}_1,\hat{x})((\hat{P}_1)$ 的最优解) 相切, 即 $x_1+2x_2=8$ 为等产量线 $x_1^{\frac{1}{4}}x_2^{\frac{1}{4}}=\hat{x}_1^{\frac{1}{4}}\hat{x}_2^{\frac{1}{4}}$ 的切线. 图 4.6 给出了生产函数 $f(x_1,x_2)$ 在点 $(\hat{x}_1,\hat{x}_2)^{\mathrm{T}}$ 的法方向为
$$\nabla f(\hat{x}_1,\hat{x}_2)=\left(\frac{\partial f(\hat{x}_1,\hat{x}_2)}{\partial x_1},\frac{\partial f(\hat{x}_1,\hat{x}_2)}{\partial x_2}\right)$$

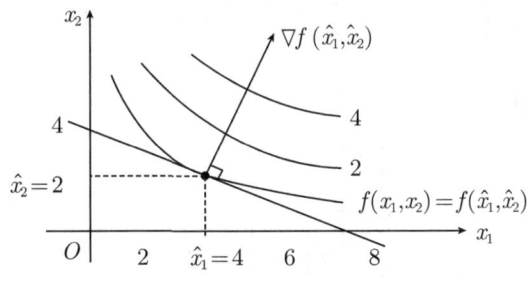

图 4.6

图 4.7 给出了等产量线 $x_1+2x_2=8$ 的法方向
$$\nabla(x_1+2x_1)=(1,2)$$

优化模型与经济

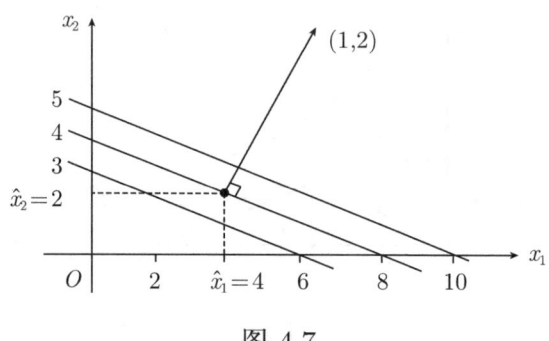

图 4.7

此时, $f(x_1,x_2)$ 在点 $(\hat{x}_1,\hat{x}_2)^{\mathrm{T}}$ 的法方向 $\nabla f(\hat{x}_1,\hat{x}_2)$ 与 $(1,2)$ 同方向. 于是存在实数 $\hat{u}_1 > 0$, 有

$$\left(\frac{\partial f(\hat{x}_1,\hat{x}_2)}{\partial x_1}, \frac{\partial f(\hat{x}_1,\hat{x}_2)}{\partial x_2}\right) = \hat{u}_1(1,2)$$

即

$$\left(\frac{1}{4}\hat{x}_1^{-\frac{3}{4}}\hat{x}_2^{\frac{1}{4}}, \frac{1}{4}\hat{x}_1^{\frac{1}{4}}\hat{x}_2^{-\frac{3}{4}}\right) = (u_1, 2\hat{u}_1)$$

由上式可得

$$\begin{cases} \dfrac{1}{4}\hat{x}_1^{-\frac{3}{4}}\hat{x}_2^{\frac{1}{4}} = \hat{u}_1 \\ \dfrac{1}{4}\hat{x}_1^{\frac{1}{4}}\hat{x}_2^{-\frac{3}{4}} = 2\hat{u}_1 \end{cases}$$

可知 $\hat{x}_1 = 2\hat{x}_2$. 再由 $\hat{x}_1 + 2\hat{x}_2 = 8$ 知 $(\hat{\mathrm{P}}_1)$ 的最优解("切点最优解")为

$$\hat{x}_1 = 4, \quad \hat{x}_2 = 2$$

最大产值为
$$f(\hat{x}_1,\hat{x}_2) = \hat{x}_1^{\frac{1}{4}} \hat{x}_2^{\frac{1}{4}} = \sqrt[4]{8}$$

例 4.2 生产函数
$$f(x_1, x_2) = \hat{x}_1^{\frac{1}{4}} \hat{x}_2^{\frac{1}{4}}, \quad x_1 \geqslant 0, x_2 \geqslant 0$$

两种生产要素的价格分别为
$$p_1 = 1, \quad p_2 = 2$$

总成本 $C = 9$. 只对第 1 种生产要素有限制
$$x_1 \leqslant a_1 = 3$$

此时 (图 4.8)
$$(\hat{\mathrm{P}}_1) \begin{cases} \max\ x_1^{\frac{1}{4}} x_2^{\frac{1}{4}} \\ x_1 + 2x_2 \leqslant 9 \\ x_1 \leqslant 3 \\ x_1 \geqslant 0, x_2 \geqslant 0 \end{cases}$$

约束集合为
$$\hat{R}_1 = \left\{ (x_1, x_2)^{\mathrm{T}} \,\middle|\, \begin{array}{l} x_1 + 2x_2 \leqslant 9 \\ x_1 \leqslant 3 \\ x_1 \geqslant 0, x_2 \geqslant 0 \end{array} \right\}$$

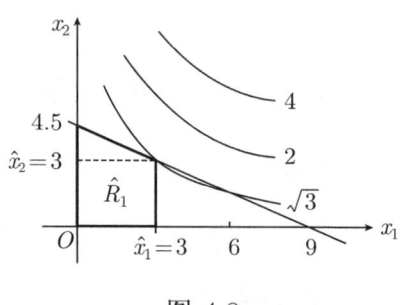

图 4.8

由图 4.8 可知最优解（"角点最优解"）$\hat{x}_1, \hat{x}_2$ 满足

$$\begin{cases} x_1 = 3 \\ x_1 + 2x_2 = 9 \end{cases}$$

得到

$$\hat{x}_1 = 3, \quad \hat{x}_2 = 3.$$

最大产值为

$$f(\hat{x}_1, \hat{x}_2) = \hat{x}_1^{\frac{1}{4}} \hat{x}_2^{\frac{1}{4}} = \sqrt{3}$$

4.2 库恩 – 塔克条件

库恩 – 塔克 (KT) 条件是专门讨论具有不等式限制条件的数学规划问题的. 它是 Kuhn 和 Tucker 于 1951 年给出的. 库恩 – 塔克条件描述了最优解所满足的充分条件和必要条件.

在 4.1 节中的例 4.2,

$$(\hat{P}_1) \begin{cases} \max\ x_1^{\frac{1}{4}} x_2^{\frac{1}{4}} \\ x_1 + 2x_2 \leqslant 9 \\ x_1 \leqslant 3 \\ x_1 \geqslant 0, \quad x_2 \geqslant 0 \end{cases}$$

如果没有图 4.8, 就不会知道 $(\hat{P}_1)$ 的最优解 $\hat{x}_1, \hat{x}_2$ 满足

$$\begin{cases} x_1 = 3 \\ x_1 + 2x_2 = 9 \end{cases}$$

在很多问题中,利用作图判断最优解的位置并不是一件容易的事(特别是变量多于两个的时候). 为简单,仍以具有两个变量 x_1, x_2(要求 $x_1 \geqslant 0, x_2 \geqslant 0$) 和具有两个不等式限制的数学规划为例讨论库恩 – 塔克条件.

考虑

$$(P) \begin{cases} \max\ f(x_1, x_2) \\ g_1(x_1, x_2) \leqslant 0 \\ g_2(x_1, x_2) \leqslant 0 \\ x_1 \geqslant 0, x_2 \geqslant 0 \end{cases}$$

KT 条件 引进两个变量 $u_1 \geqslant 0, u_2 \geqslant 0$. 称 u_1, u_2 为广义拉格朗日乘子.

令
$$\varphi(x_1,x_2,u_1,u_2) = f(x_1,x_2) - u_1 g_1(x_1,x_2) - u_2 g_2(x_1,x_2)$$

KT 条件为

$$(\text{KT}) \begin{cases} \dfrac{\partial \varphi(x_1,x_2,u_1,u_2)}{\partial x_1} = \dfrac{\partial f(x_1,x_2)}{\partial x_1} - u_1 \dfrac{\partial g_1(x_1,x_2)}{\partial x_1} \\ \qquad\qquad - u_2 \dfrac{\partial g_2(x_1,x_2)}{\partial x_1} \leqslant 0, \quad x_1 \geqslant 0 \\ \dfrac{\partial \varphi(x_1,x_2,u_1,u_2)}{\partial x_1} \cdot x_1 = \left(\dfrac{\partial f(x_1,x_2)}{\partial x_1} - u_1 \dfrac{\partial g_1(x_1,x_2)}{\partial x_1} \right. \\ \qquad\qquad \left. - u_2 \dfrac{\partial g_2(x_1,x_2)}{\partial x_1} \right) x_1 = 0 \\ \dfrac{\partial \varphi(x_1,x_2,u_1,u_2)}{\partial x_2} = \dfrac{\partial f(x_1,x_2)}{\partial x_2} - u_1 \dfrac{\partial g_1(x_1,x_2)}{\partial x_2} \\ \qquad\qquad - u_2 \dfrac{\partial g_2(x_1,x_2)}{\partial x_2} \leqslant 0, \quad x_2 \geqslant 0 \\ \dfrac{\partial \varphi(x_1,x_2,u_1,u_2)}{\partial x_2} \cdot x_2 = \left(\dfrac{\partial f(x_1,x_2)}{\partial x_2} - u_1 \dfrac{\partial g_1(x_1,x_2)}{\partial x_2} \right. \\ \qquad\qquad \left. - u_2 \dfrac{\partial g_2(x_1,x_2)}{\partial x_2} \right) x_2 = 0 \\ \dfrac{\partial \varphi(x_1,x_2,u_1,u_2)}{\partial u_1} = -g_1(x_1,x_2) \geqslant 0, \quad u_1 \geqslant 0 \\ \dfrac{\partial \varphi(x_1,x_2,u_1,u_2)}{\partial u_1} \cdot u_1 = -u_1 g_1(x_1,x_2) = 0 \\ \dfrac{\partial \varphi(x_1,x_2,u_1,u_2)}{\partial u_2} = -g_2(x_1,x_2) \geqslant 0, \quad u_2 \geqslant 0 \\ \dfrac{\partial \varphi(x_1,x_2,u_1,u_2)}{\partial u_2} \cdot u_2 = -u_2 g_2(x_1,x_2) = 0 \end{cases}$$

例 4.3(此例即例 4.2) 令生产函数
$$f(x_1, x_2) = x_1^{\frac{1}{4}} x_2^{\frac{1}{4}}, \quad x_1 \geqslant 0, \quad x_2 \geqslant 0$$
两种生产要素的价格分别为
$$p_1 = 1, \quad p_2 = 2$$
总成本 $C = 9$. 只对第 1 种生产要素有限制
$$x_1 \leqslant a_1 = 3$$
于是, 具有生产要素限制的产值最大化模型为
$$(\hat{P}_1) \begin{cases} \max\ x_1^{\frac{1}{4}} x_2^{\frac{1}{4}} \\ x_1 + 2x_2 \leqslant 9 \\ x_1 \leqslant 3 \\ x_1 \geqslant 0, \quad x_2 \geqslant 0 \end{cases}$$
此时
$$f(x_1, x_2) = x_1^{\frac{1}{4}} x_2^{\frac{1}{4}}$$
$$g_1(x_1, x_2) = x_1 + 2x_2 - 9 \leqslant 0$$
$$g_2(x_1, x_2) = x_1 - 3 \leqslant 0$$
$$x_1 \geqslant 0, \quad x_2 \geqslant 0$$
令
$$\varphi(x_1, x_2, u_1, u_2) = x_1^{\frac{1}{4}} x_2^{\frac{1}{4}} - u_1(x_1 + 2x_2 - 9) - u_2(x_1 - 3)$$
设 $\hat{x}_1, \hat{x}_2, \hat{u}_1, \hat{u}_2$ 满足 KT 条件, 即

$$\begin{cases}
\dfrac{\partial \varphi(\hat{x}_1,\hat{x}_2,\hat{u}_1,\hat{u}_2)}{\partial x_1} = \dfrac{1}{4}\hat{x}_1^{-\frac{3}{4}}\hat{x}_2^{\frac{1}{4}} - \hat{u}_1 - \hat{u}_2 \leqslant 0, \quad \hat{x}_1 \geqslant 0 & (4.1) \\
\dfrac{\partial \varphi(\hat{x}_1,\hat{x}_2,\hat{u}_1,\hat{u}_2)}{\partial x_1}\cdot \hat{x}_1 = \left(\dfrac{1}{4}\hat{x}_1^{-\frac{3}{4}}\hat{x}_2^{\frac{1}{4}} - \hat{u}_1 - \hat{u}_2\right)\hat{x}_1 = 0 & (4.2) \\
\dfrac{\partial \varphi(\hat{x}_1,\hat{x}_2,\hat{u}_1,\hat{u}_2)}{\partial x_2} = \dfrac{1}{4}\hat{x}_1^{\frac{1}{4}}\hat{x}_2^{-\frac{3}{4}} - 2\hat{u}_1 \leqslant 0, \quad \hat{x}_2 \geqslant 0 & (4.3) \\
\dfrac{\partial \varphi(\hat{x}_1,\hat{x}_2,\hat{u}_1,\hat{u}_2)}{\partial x_2}\cdot \hat{x}_2 = \left(\dfrac{1}{4}\hat{x}_1^{\frac{1}{4}}\hat{x}_2^{-\frac{3}{4}} - 2\hat{u}_1\right)\hat{x}_2 = 0 & (4.4) \\
\dfrac{\partial \varphi(\hat{x}_1,\hat{x}_2,\hat{u}_1,\hat{u}_2)}{\partial u_1} = -(\hat{x}_1 + 2\hat{x}_2 - 9) \geqslant 0, \quad \hat{u}_1 \geqslant 0 & (4.5) \\
\dfrac{\partial \varphi(\hat{x}_1,\hat{x}_2,\hat{u}_1,\hat{u}_2)}{\partial u_1}\cdot \hat{u}_1 = -(\hat{x}_1 + 2\hat{x}_2 - 9)\hat{u}_1 = 0 & (4.6) \\
\dfrac{\partial \varphi(\hat{x}_1,\hat{x}_2,\hat{u}_1,\hat{u}_2)}{\partial u_2} = -(\hat{x}_1 - 3) \geqslant 0, \quad \hat{u}_2 \geqslant 0 & (4.7) \\
\dfrac{\partial \varphi(\hat{x}_1,\hat{x}_2,\hat{u}_1,\hat{u}_2)}{\partial u_2}\cdot \hat{u}_2 = -(\hat{x}_1 - 3)\hat{u}_2 = 0 & (4.8)
\end{cases}$$

以下, 利用 KT 条件进行分析和求解. 由于 $f(x_1,x_2)$ 为凹函数, $g_1(x_1,x_2)$ 和 $g_2(x_1,x_2)$ 都为线性函数, 由 4.4 节中的定理 4.2, 若 $\hat{x}_1,\hat{x}_2,\hat{u}_1,\hat{u}_2$ 满足 KT 条件, 则 $\hat{x}_1,\hat{x}_2$ 必为 (P) 的最优解.

分为以下五个步骤 (1)~(5) 进行讨论.

(1) 由于 $f(x_1,x_2) = \hat{x}_1^{\frac{1}{4}}\hat{x}_2^{\frac{1}{4}}$, 知 (P) 的最优解必有 $\hat{x}_1 > 0, \hat{x}_2 > 0$. 由 (4.2), (4.4), 有

$$\dfrac{1}{4}\hat{x}_1^{-\frac{3}{4}}\hat{x}_2^{\frac{1}{4}} - \hat{u}_1 - \hat{u}_2 = 0 \tag{4.9}$$

$$\frac{1}{4}\hat{x}_1^{\frac{1}{4}}\hat{x}_2^{-\frac{3}{4}} - 2\hat{u}_1 = 0 \qquad (4.10)$$

(2) 现用反证法证明 $\hat{x}_1 = 3$. 假设 $\hat{x}_1 < 3$. 由 (4.8), 有 $\hat{u}_2 = 0$. 由 (4.9), (4.10), 有

$$\frac{1}{4}\hat{x}_1^{-\frac{3}{4}}\hat{x}_2^{\frac{1}{4}} - \hat{u}_1 = 0$$

$$\frac{1}{4}\hat{x}_1^{\frac{1}{4}}\hat{x}_2^{-\frac{3}{4}} - 2\hat{u}_1 = 0$$

将上面二式分别乘以 $\hat{x}_1$ 和 $\hat{x}_2$, 得到

$$\frac{1}{4}(\hat{x}_1^{-\frac{3}{4}}\hat{x}_2^{\frac{1}{4}})\hat{x}_1 = \hat{u}_1\hat{x}_1$$

$$\frac{1}{4}(\hat{x}_1^{\frac{1}{4}}\hat{x}_2^{-\frac{3}{4}})\hat{x}_2 = 2\hat{u}_1\hat{x}_2$$

即

$$\begin{cases} \dfrac{1}{4}(\hat{x}_1^{\frac{1}{4}}\hat{x}_2^{\frac{1}{4}}) = \hat{u}_1\hat{x}_1 \\ \dfrac{1}{4}(\hat{x}_1^{\frac{1}{4}}\hat{x}_2^{\frac{1}{4}}) = 2\hat{u}_1\hat{x}_2 \end{cases}$$

因 $\hat{x}_1 > 0, \hat{x}_2 > 0$, 所以 $\hat{u}_1 > 0$, 于是

$$\hat{x}_1 = 2\hat{x}_2$$

再由 (4.6), 知 (因 $\hat{u}_1 > 0$)

$$\hat{x}_1 + 2\hat{x}_2 = 9$$

所以
$$\hat{x}_1 = \frac{9}{2} > 3$$
此与假设 $\hat{x}_1 < 3$ 矛盾. 由 (4.7), 故 $\hat{x}_1 = 3$.

(3) 由 (4.3)
$$\frac{1}{4}\hat{x}_1^{\frac{1}{4}}\hat{x}_2^{-\frac{3}{4}} - 2\hat{u}_1 \leqslant 0,$$
若 $\hat{u}_1 = 0$, 则 $\hat{x}_1 = 0$, 此不可能. 故 $\hat{u}_1 > 0$.

(4) 由 (4.6), 知 (由 (3), $\hat{u}_1 > 0$)
$$\hat{x}_1 + 2\hat{x}_2 = 9$$
因此 (由 (2), $\hat{x}_1 = 3$)
$$\hat{x}_2 = \frac{1}{2}(9 - \hat{x}_1) = 3.$$

(5) 因 $\hat{x}_1 = 3 > 0, \hat{x}_2 = 3 > 0$. 由 (4.2), (4.4), 有
$$\frac{1}{4}\hat{x}_1^{-\frac{3}{4}}\hat{x}_2^{\frac{1}{4}} - \hat{u}_1 - \hat{u}_2 = 0$$
$$\frac{1}{4}\hat{x}_1^{\frac{1}{4}}\hat{x}_2^{-\frac{3}{4}} - 2\hat{u}_1 = 0$$

故
$$\begin{cases} \frac{1}{4}\hat{x}_1^{\frac{1}{4}}\hat{x}_2^{\frac{1}{4}} = (\hat{u}_1 + \hat{u}_2)\hat{x}_1 = 3(\hat{u}_1 + \hat{u}_2) \\ \frac{1}{4}\hat{x}_1^{\frac{1}{4}}\hat{x}_2^{\frac{1}{4}} = 2\hat{u}_1\hat{x}_2 = 6\hat{u}_1 \end{cases}$$
知
$$\hat{u}_1 = \hat{u}_2 = \frac{1}{24}(\hat{x}_1^{\frac{1}{4}}\hat{x}_2^{\frac{1}{4}}) = \frac{1}{24}\sqrt{3}$$

以下说明 KT 条件的几何意义. 由 (4.9), (4.10), 有

$$\begin{cases} \dfrac{\partial f(\hat{x}_1, \hat{x}_2)}{\partial x_1} = \dfrac{1}{4}\hat{x}_1^{-\frac{3}{4}}\hat{x}_2^{\frac{1}{4}} = \hat{u}_1 + \hat{u}_2 \\ \dfrac{\partial f(\hat{x}_1, \hat{x}_2)}{\partial x_2} = \dfrac{1}{4}\hat{x}_1^{\frac{1}{4}}\hat{x}_2^{-\frac{3}{4}} = 2\hat{u}_1 \end{cases}$$

可以写为向量形式

$$\left(\dfrac{\partial f(\hat{x}_1, \hat{x}_2)}{\partial x_1}, \dfrac{\partial f(\hat{x}_1, \hat{x}_2)}{\partial x_1} \right) = (1,2)\hat{u}_1 + (1,0)\hat{u}_2 \quad (4.11)$$

注意到向量 (1,2) 恰为直线 $x_1 + 2x_2 = 9$ 的法方向; (1,0) 恰为 $x_1 = 3$ 的法方向. 式 (4.11) 表明: $f(x_1, x_2)$ 的梯度

$$\nabla f(\hat{x}_1, \hat{x}_2) = \left(\dfrac{\partial f(\hat{x}_1, \hat{x}_2)}{\partial x_1}, \dfrac{\partial f(\hat{x}_1, \hat{x}_2)}{\partial x_1} \right)$$

是以 $(1,2)\hat{u}_1$ 和 $(1,0)\hat{u}_2$ 为两边所构成的平行四边形的对角线, 见图 4.9. 这里的最优解 $\hat{x}_1 = 3, \hat{x}_2 = 3$ 为"角点最优解".

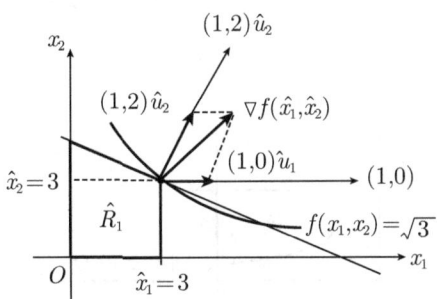

图 4.9

4.3 生产要素有限制的成本最小化模型

当第 1 种生产要素的投入 x_1 有上限 a_1, 第 2 种生产要素的投入 x_2 有上限 a_2 时, 厂商希望的是: 在产值不小于给定产值 Q 的前提下如何确定两种生产要素的数量 x_1, x_2, 使得成本 $p_1 x_1 + p_2 x_2$ 最小. 有如下模型

$$(\hat{P}_2) \begin{cases} \min\ (p_1 x_1 + p_2 x_2) \\ f(x_1, x_2) \geqslant Q \\ x_1 \leqslant a_1, x_2 \leqslant a_2 \\ x_1 \geqslant 0, x_2 \geqslant 0 \end{cases}$$

约束集合为

$$\hat{R}_2 = \left\{ (x_1, x_2) \left| \begin{array}{l} f(x_1, x_2) \geqslant Q \\ x_1 \leqslant a_1, x_2 \leqslant a_2 \\ x_1 \geqslant 0, x_2 \geqslant 0 \end{array} \right. \right\}$$

见图 4.10.

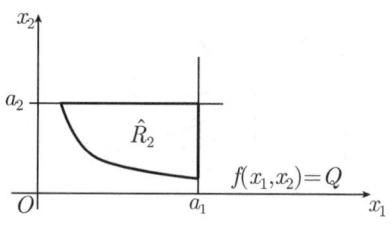

图 4.10

例 4.4 两种生产要素的数量为 x_1 和 x_2,生产函数为
$$f(x_1, x_2) = x_1^{\frac{1}{4}} x_2^{\frac{1}{4}}, \quad x_1 \geqslant 0, \quad x_2 \geqslant 0,$$
两种生产要素的价格分别为
$$p_1 = 1, \quad p_2 = 2$$
生产要素的限制为 (对第 2 种生产要素没限制)
$$x_1 \leqslant a_1 = 3$$
要求总产值不少于 $Q = \sqrt{3}$ 的情况下,求最小成本. 考虑
$$(\hat{P}_2) \begin{cases} \min (x_1 + 2x_2) \\ x_1^{\frac{1}{4}} x_2^{\frac{1}{4}} \geqslant \sqrt{3} \\ x_1 \leqslant 3 \\ x_1 \geqslant 0, \quad x_2 \geqslant 0 \end{cases}$$
它等价于
$$\begin{cases} \max (-x_1 - 2x_2) \\ \sqrt{3} - x_1^{\frac{1}{4}} x_2^{\frac{1}{4}} \leqslant 0 \\ x_1 - 3 \leqslant 0 \\ x_1 \geqslant 0, x_2 \geqslant 0 \end{cases}$$
此时,
$$\varphi(x_1, x_2, u_1, u_2) = -(x_1 + 2x_2) - u_1(\sqrt{3} - x_1^{\frac{1}{4}} x_2^{\frac{1}{4}}) - u_2(x_1 - 3)$$

因此, KT 条件为

$$(\text{KT})\begin{cases} \dfrac{\partial \varphi(\hat{x}_1,\hat{x}_2,\hat{u}_1,\hat{u}_2)}{\partial x_1} = -1 + \dfrac{1}{4}\hat{u}_1\hat{x}_1^{-\frac{3}{4}}\hat{x}_2^{\frac{1}{4}} \\ \qquad\qquad\qquad -\hat{u}_2 \leqslant 0, \quad x_1 \geqslant 0 \qquad (4.12)\\ \dfrac{\partial \varphi(\hat{x}_1,\hat{x}_2,\hat{u}_1,\hat{u}_2)}{\partial x_1}\cdot \hat{x}_1 = \left(-1 + \dfrac{1}{4}\hat{u}_1\hat{x}_1^{-\frac{3}{4}}\hat{x}_2^{\frac{1}{4}} - \hat{u}_2\right)\hat{x}_1\\ \qquad\qquad\qquad = 0 \qquad\qquad\qquad (4.13)\\ \dfrac{\partial \varphi(\hat{x}_1,\hat{x}_2,\hat{u}_1,\hat{u}_2)}{\partial x_2} = -2 + \dfrac{1}{4}\hat{u}_1\hat{x}_1^{\frac{1}{4}}\hat{x}_2^{-\frac{3}{4}}\\ \qquad\qquad\qquad \leqslant 0, \quad x_2 \geqslant 0 \qquad (4.14)\\ \dfrac{\partial \varphi(\hat{x}_1,\hat{x}_2,\hat{u}_1,\hat{u}_2)}{\partial x_2}\cdot \hat{x}_2 = \left(-2 + \dfrac{1}{4}\hat{u}_1\hat{x}_1^{\frac{1}{4}}\hat{x}_2^{-\frac{3}{4}}\right)\hat{x}_2\\ \qquad\qquad\qquad = 0 \qquad\qquad\qquad (4.15)\\ \dfrac{\partial \varphi(\hat{x}_1,\hat{x}_2,\hat{u}_1,\hat{u}_2)}{\partial u_1} = -\left(\sqrt{3} - \hat{x}_1^{\frac{1}{4}}\hat{x}_2^{\frac{1}{4}}\right)\\ \qquad\qquad\qquad \geqslant 0, \quad \hat{u}_1 \geqslant 0 \qquad (4.16)\\ \dfrac{\partial \varphi(\hat{x}_1,\hat{x}_2,\hat{u}_1,\hat{u}_2)}{\partial u_1}\cdot \hat{u}_1 = -\left(\sqrt{3} - \hat{x}_1^{\frac{1}{4}}\hat{x}_2^{\frac{1}{4}}\right)\hat{u}_1 = 0 \quad (4.17)\\ \dfrac{\partial \varphi(\hat{x}_1,\hat{x}_2,\hat{u}_1,\hat{u}_2)}{\partial u_2} = -(\hat{x}_1 - 3) \geqslant 0, \quad \hat{u}_2 \geqslant 0 \quad (4.18)\\ \dfrac{\partial \varphi(\hat{x}_1,\hat{x}_2,\hat{u}_1,\hat{u}_2)}{\partial u_2}\cdot \hat{u}_2 = -(\hat{x}_1 - 3)\hat{u}_2 = 0 \qquad (4.19) \end{cases}$$

以下分四个步骤 (1)~(4) 进行分析和求解.

(1) 由 (4.16), $\hat{x}_1^{\frac{1}{4}}\hat{x}_2^{\frac{1}{4}} \geqslant \sqrt{3}$, 知 $\hat{x}_1 > 0, \hat{x}_2 > 0$. 由 (4.13), (4.15), 有

$$\begin{cases} \dfrac{1}{4}\hat{u}_1\hat{x}_1^{-\frac{3}{4}}\hat{x}_2^{\frac{1}{4}} = 1 + \hat{u}_2 & (4.20) \\ \dfrac{1}{4}\hat{u}_1\hat{x}_1^{\frac{1}{4}}\hat{x}_2^{-\frac{3}{4}} = 2 & (4.21) \end{cases}$$

由 (4.21), $\hat{u}_1 > 0$, 由 (4.17), 有

$$\hat{x}_1^{\frac{1}{4}}\hat{x}_2^{\frac{1}{4}} = \sqrt{3} \qquad (4.22)$$

将式 (4.20) 除以式 (4.21), 有

$$\hat{x}_1^{-1}\hat{x}_2 = \frac{1+\hat{u}_2}{2} \qquad (4.23)$$

(2) 用反证法证明 $\hat{u}_2 > 0$. 设 $\hat{u}_2 = 0$, 由 (4.23)

$$\hat{x}_1 = 2\hat{x}_2$$

再由 (4.22), 有

$$\hat{x}_1^{\frac{1}{4}}\left(\frac{1}{2}\hat{x}_1\right)^{\frac{1}{4}} = \sqrt{3}$$

得到

$$\hat{x}_1 = 3\sqrt{2} > 3$$

此与 (4.18) 矛盾, 故 $\hat{u}_2 > 0$.

(3) 由 (4.19), 知 $\hat{x}_1 = 3$. 再由 (4.22), $\hat{x}_2 = 3$.

(4) 由 (4.23) 知 $\hat{u}_2 = 1$. 由 (4.21), 得到

$$\hat{u}_1 = 8\hat{x}_1^{-\frac{1}{4}}\hat{x}_2^{\frac{3}{4}} = 8\sqrt{3}$$

以下说明 KT 条件的几何意义. 由 (4.20), (4.21) 有

$$\begin{cases} 1 = \dfrac{1}{4}\hat{u}_1 \hat{x}_1^{-\frac{3}{4}} \hat{x}_2^{\frac{1}{4}} - \hat{u}_2 \\ 2 = \dfrac{1}{4}\hat{u}_1 \hat{x}_1^{\frac{1}{4}} \hat{x}_2^{-\frac{3}{4}} \end{cases}$$

而

$$\frac{\partial f(\hat{x}_1, \hat{x}_2)}{\partial x_1} = \frac{1}{4}\hat{x}_1^{-\frac{3}{4}} \hat{x}_2^{\frac{1}{4}}$$

$$\frac{\partial f(\hat{x}_1, \hat{x}_2)}{\partial x_2} = \frac{1}{4}\hat{x}_1^{\frac{1}{4}} \hat{x}_2^{-\frac{3}{4}}$$

写成向量形式, 有

$$(1,2) = \left(\frac{\partial f(\hat{x}_1, \hat{x}_2)}{\partial x_1}, \frac{\partial f(\hat{x}_1, \hat{x}_2)}{\partial x_2}\right)\hat{u}_1 + (-1, 0)\hat{u}_2$$

即

$$(1,2) = \nabla f(\hat{x}_1, \hat{x}_2)\hat{u}_1 + (-1, 0)\hat{u}_2 \tag{4.24}$$

式 (4.24) 表明: 向量 (1,2) 为平行四边形的对角线, 两边分别为 $(-1,0)\hat{u}_2$ 和 $\nabla f(\hat{x}_1, \hat{x}_2)\dfrac{\hat{u}_1}{4}$, 见图 4.11. 这里的最优解 $\hat{x}_1 = 3, \hat{x}_2 = 3$ 为"角点最优解".

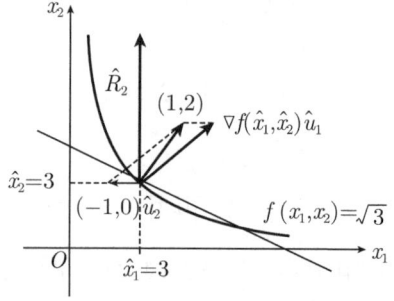

图 4.11

例 4.5 考虑

$$(\hat{P}_2)\begin{cases} \min\ (x_1+2x_2) \\ x_1^{\frac{1}{4}}x_2^{\frac{1}{4}} \geqslant \sqrt[4]{8} \\ x_1 \leqslant 5 \\ x_1 \geqslant 0, x_2 \geqslant 0 \end{cases}$$

约束集合为

$$\hat{R}_3 = \left\{(x_1,x_2)\ \middle|\ \begin{array}{l} x_1^{\frac{1}{4}}x_2^{\frac{1}{4}} \geqslant \sqrt[4]{8} \\ x_1 \leqslant 5, x_1 \geqslant 0, x_2 \geqslant 0 \end{array}\right\}$$

$(\hat{P}_2)$ 等价于

$$\begin{cases} \max\ [-(x_1+2x_2)] \\ \sqrt[4]{8} - x_1^{\frac{1}{4}}x_2^{\frac{1}{4}} \leqslant 0 \\ x_1 - 5 \leqslant 0 \\ x_1 \geqslant 0, x_2 \geqslant 0 \end{cases}$$

此时,

$$\varphi(x_1,x_2,u_1,u_2) = -(x_1+2x_2) - (\sqrt[4]{8} - x_1^{\frac{1}{4}}x_2^{\frac{1}{4}})u_1 - (x_1-5)u_2$$

因此, KT 条件为

$$(\text{KT}) \begin{cases} \dfrac{\partial \varphi(\hat{x}_1,\hat{x}_2,\hat{u}_1,\hat{u}_2)}{\partial x_1} = -1 + \dfrac{\hat{u}_1}{4}\hat{x}_1^{-\frac{3}{4}}\hat{x}_2^{\frac{1}{4}} \\ \qquad\qquad\qquad -u_2 \leqslant 0, \quad x_1 \geqslant 0 \qquad (4.25) \\ \dfrac{\partial \varphi(\hat{x}_1,\hat{x}_2,\hat{u}_1,\hat{u}_2)}{\partial x_1} \cdot \hat{x}_1 = \left(-1 + \dfrac{\hat{u}_1}{4}\hat{x}_1^{-\frac{3}{4}}\hat{x}_2^{\frac{1}{4}} - \hat{u}_2\right)\hat{x}_1 \\ \qquad\qquad\qquad = 0 \qquad\qquad\qquad (4.26) \\ \dfrac{\partial \varphi(\hat{x}_1,\hat{x}_2,\hat{u}_1,\hat{u}_2)}{\partial x_1} = -2 + \dfrac{\hat{u}_1}{4}\hat{x}_1^{\frac{1}{4}}\hat{x}_2^{-\frac{3}{4}} \\ \qquad\qquad\qquad \leqslant 0, \quad x_2 \geqslant 0 \qquad\quad (4.27) \\ \dfrac{\partial \varphi(\hat{x}_1,\hat{x}_2,\hat{u}_1,\hat{u}_2)}{\partial x_1} \cdot \hat{x}_2 = \left(-2 + \dfrac{\hat{u}_1}{4}\hat{x}_1^{\frac{1}{4}}\hat{x}_2^{-\frac{3}{4}}\right)\hat{x}_2 \\ \qquad\qquad\qquad = 0 \qquad\qquad\qquad (4.28) \\ \dfrac{\partial \varphi(\hat{x}_1,\hat{x}_2,\hat{u}_1,\hat{u}_2)}{\partial u_1} = -\left(\sqrt[4]{8} - \hat{x}_1^{\frac{1}{4}}\hat{x}_2^{\frac{1}{4}}\right) \geqslant 0, \quad \hat{u}_1 \geqslant 0 \quad (4.29) \\ \dfrac{\partial \varphi(\hat{x}_1,\hat{x}_2,\hat{u}_1,\hat{u}_2)}{\partial u_1} \cdot \hat{u}_1 = -\left(\sqrt[4]{8} - \hat{x}_1^{\frac{1}{4}}\hat{x}_2^{\frac{1}{4}}\right)\hat{u}_1 = 0 \quad (4.30) \\ \dfrac{\partial \varphi(\hat{x}_1,\hat{x}_2,\hat{u}_1,\hat{u}_2)}{\partial u_2} = -(\hat{x}_1 - 5) \geqslant 0, \quad \hat{u}_2 \geqslant 0 \quad (4.31) \\ \dfrac{\partial \varphi(\hat{x}_1,\hat{x}_2,\hat{u}_1,\hat{u}_2)}{\partial u_2} \cdot u_2 = -(\hat{x}_1 - 5)\hat{u}_2 = 0 \qquad (4.32) \end{cases}$$

以下分四个步骤 (1)~(4) 进行分析和求解.

(1) 由 (4.29), $\hat{x}_1^{\frac{1}{4}}\hat{x}_2^{\frac{1}{4}} \geqslant \sqrt[4]{8}$, 故 $\hat{x}_1 > 0, \hat{x}_2 > 0$. 由 (4.26), (4.28) 有

$$\begin{cases} \dfrac{\hat{u}_1}{4}\hat{x}_1^{-\frac{3}{4}}\hat{x}_2^{\frac{1}{4}} - \hat{u}_2 = 1 & (4.33) \\ \dfrac{\hat{u}_1}{4}\hat{x}_1^{\frac{1}{4}}\hat{x}_2^{-\frac{3}{4}} = 2 & (4.34) \end{cases}$$

由 (4.34), 知 $\hat{u}_1 > 0$. 再由 (4.30), 有

$$\hat{x}_1^{\frac{1}{4}}\hat{x}_2^{\frac{1}{4}} = \sqrt[4]{8} \qquad (4.35)$$

(2) 现用反证法证明 $\hat{u}_2 = 0$. 设 $\hat{u}_2 > 0$. 由 (4.32), $\hat{x}_1 = 5$. 再由 (4.35), 知

$$\hat{x}_2 = \frac{8}{5}$$

将式 (4.33) 除以式 (4.34), 知

$$(\hat{x}_1)^{-1}\hat{x}_2 = \frac{1 + \hat{u}_2}{2}$$

由此得到 (因 $\hat{x}_1 = 5, \hat{x}_2 = \dfrac{8}{5}$)

$$\hat{u}_2 = 2(\hat{x}_1)^{-1}\hat{x}_2 - 1 = \frac{16}{25} - 1 < 0$$

矛盾. 故 $\hat{u}_2 = 0$.

(3) 由 (4.33), (4.34) 和 $\hat{u}_2 = 0$, 得到

$$\begin{cases} \dfrac{\hat{u}_1}{4}\hat{x}_1^{-\frac{3}{4}}\hat{x}_2^{\frac{1}{4}} = 1 & (4.36) \\ \dfrac{\hat{u}_1}{4}\hat{x}_1^{\frac{1}{4}}\hat{x}_2^{-\frac{3}{4}} = 2 & (4.37) \end{cases}$$

知 $\hat{x}_1 = 2\hat{x}_2$. 再由 (4.35), 知

$$\hat{x}_1 = 4, \quad \hat{x}_2 = 2$$

(4) 由 (4.34), 知
$$\hat{u}_1 = 8\hat{x}_1^{-\frac{1}{4}}\hat{x}_2^{\frac{3}{4}} = 8\sqrt[4]{2}$$

以下说明 KT 条件的几何意义. 由 (4.36), (4.37), 有
$$1 = \frac{\hat{u}_1}{4}\hat{x}_1^{-\frac{3}{4}}\hat{x}_2^{\frac{1}{4}} = \frac{\partial f(\hat{x}_1, \hat{x}_2)}{\partial x_1}\hat{u}_1$$
$$2 = \frac{\hat{u}_1}{4}\hat{x}_1^{\frac{1}{4}}\hat{x}_2^{-\frac{3}{4}} = \frac{\partial f(\hat{x}_1, \hat{x}_2)}{\partial x_2}\hat{u}_1$$

写成向量形式, 有
$$(1,2) = \left(\frac{\partial f(\hat{x}_1, \hat{x}_2)}{\partial x_1}, \frac{\partial f(\hat{x}_1, \hat{x}_2)}{\partial x_2}\right)\hat{u}_1$$

即
$$(1,2) = \nabla f(\hat{x}_1, \hat{x}_2)\hat{u}_1 \tag{4.38}$$

式 (4.38) 表明：向量 (1,2) 与 $\nabla f(\hat{x}_1, \hat{x}_2)$ 同在一条直线上, 并且方向相同 (因 $\hat{u}_1 > 0$), 见图 4.12. 此例中, 最优解 $\hat{x}_1 = 4, \hat{x}_2 = 2$ 为"切点最优解".

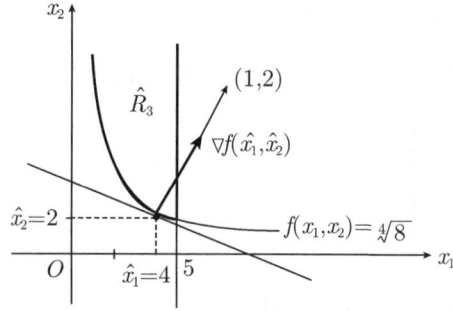

图 4.12

*4.4 附录：库恩－塔克定理

数学规划 (P) 对应的 KT 条件为

$$(KT)\begin{cases} \dfrac{\partial \varphi(x_1,x_2,u_1,u_2)}{\partial x_1} = \dfrac{\partial f(x_1,x_2)}{\partial x_1} - u_1 \dfrac{\partial g_1(x_1,x_2)}{\partial x_1} \\ \qquad\qquad\qquad -u_2 \dfrac{\partial g_2(x_1,x_2)}{\partial x_1} \leqslant 0, \ x_1 \geqslant 0, \quad (4.39) \\ \dfrac{\partial \varphi(x_1,x_2,u_1,u_2)}{\partial x_1} \cdot x_1 = \left(\dfrac{\partial f(x_1,x_2)}{\partial x_1} - u_1 \dfrac{\partial g_1(x_1,x_2)}{\partial x_1} \right. \\ \qquad\qquad\qquad \left. -u_2 \dfrac{\partial g_2(x_1,x_2)}{\partial x_1} \right) x_1 = 0, \quad (4.40) \\ \dfrac{\partial \varphi(x_1,x_2,u_1,u_2)}{\partial x_2} = \dfrac{\partial f(x_1,x_2)}{\partial x_2} - u_1 \dfrac{\partial g_1(x_1,x_2)}{\partial x_2} \\ \qquad\qquad\qquad -u_2 \dfrac{\partial g_2(x_1,x_2)}{\partial x_2} \leqslant 0, \ x_2 \geqslant 0, \quad (4.41) \\ \dfrac{\partial \varphi(x_1,x_2,u_1,u_2)}{\partial x_2} \cdot x_2 = \left(\dfrac{\partial f(x_1,x_2)}{\partial x_2} - u_1 \dfrac{\partial g_1(x_1,x_2)}{\partial x_2} \right. \\ \qquad\qquad\qquad \left. -u_2 \dfrac{\partial g_2(x_1,x_2)}{\partial x_2} \right) x_2 = 0, \quad (4.42) \\ \dfrac{\partial \varphi(x_1,x_2,u_1,u_2)}{\partial u_1} = -g_1(x_1,x_2) \geqslant 0, \quad u_1 \geqslant 0 \quad (4.43) \\ \dfrac{\partial \varphi(x_1,x_2,u_1,u_2)}{\partial u_1} \cdot u_1 = -u_1 g_1(x_1,x_2) = 0 \quad (4.44) \\ \dfrac{\partial \varphi(x_1,x_2,u_1,u_2)}{\partial u_2} = -g_2(x_1,x_2) \geqslant 0, \quad u_1 \geqslant 0 \quad (4.45) \\ \dfrac{\partial \varphi(x_1,x_2,u_1,u_2)}{\partial u_2} \cdot u_2 = -u_2 g_2(x_1,x_2) = 0 \quad (4.46) \end{cases}$$

其中数学规划

$$(P)\begin{cases} \max\ f(x_1,x_2) \\ g_1(x_1,x_2) \leqslant 0 \\ g_2(x_1,x_2) \leqslant 0 \\ x_1 \geqslant 0, x_2 \geqslant 0 \end{cases}$$

并且

$$\varphi(x_1,x_2,u_1,u_2) = f(x_1,x_2) - u_1 g_1(x_1,x_2) - u_2 g_2(x_1,x_2)$$

称 (4.40),(4.42),(4.44) 和 (4.46) 为"互补条件", u_1, u_2 为广义拉格朗日乘子.

4.4.1 库恩－塔克定理

库恩－塔克定理是讨论 (P) 的最优解与满足 KT 条件的 $\hat{x}_1, \hat{x}_2, \hat{u}_1, \hat{u}_2$ 之间的关系.

(i) "**(P)→(KT)**" 一般来说, 若 $\hat{x}_1, \hat{x}_2$ 为 (P) 的最优解, 不一定存在广义拉格朗日乘子 $\hat{u}_1, \hat{u}_2$, 使 $\hat{x}_1, \hat{x}_2, \hat{u}_1, \hat{u}_2$ 满足 KT 条件. 但在一定假设条件下 (称为"约束规格"), 上述结论成立. 有如下定理.

定理 4.1 若 $\hat{x}_1, \hat{x}_2$ 为 (P) 的最优解. 并且下面的"约束规格" (a) 或 (b) 之一成立, 则存在广义拉格朗日乘子 $\hat{u}_1, \hat{u}_2$, 使得 $\hat{x}_1, \hat{x}_2, \hat{u}_1, \hat{u}_2$ 满足 KT 条件, 其中"约束规格"为

(a) $g_1(x_1,x_2), g_2(x_1,x_2)$ 为线性函数;

(b) $g_1(x_1,x_2), g_2(x_1,x_2)$ 为凸函数, 并且存在 $x_1^0 \geqslant 0$, $x_2^0 \geqslant 0$, 满足
$$g_1(x_1^0,x_2^0) < 0, \quad g_2(x_1^0,x_2^0) < 0$$

(ii) "KT→(P)" 有如下定理.

定理 4.2 设 $f(x_1,x_2)$ 为凹函数, $g_1(x_1,x_2), g_2(x_1,x_2)$ 为凸函数. 若 $\hat{x}_1, \hat{x}_2, \hat{u}_1, \hat{u}_2$ 满足 KT 条件, 则 $\hat{x}_1, \hat{x}_2$ 为 (P) 的最优解.

4.4.2 KT 条件与拉格朗日乘子法之间的区别

KT 条件是针对具有不等式限制的数学规划

$$(\text{P}) \begin{cases} \max \ f(x_1,x_2) \\ g_1(x_1,x_2) \leqslant 0 \\ g_2(x_1,x_2) \leqslant 0 \\ x_1 \geqslant 0, \quad x_2 \geqslant 0 \end{cases}$$

对应地有
$$\varphi(x_1,x_2,u_1,u_2) = f(x_1,x_2) - u_1 g_1(x_1,x_2) - u_2 g_2(x_1,x_2)$$

拉格朗日乘子法是针对具有等式限制的极值问题(这里, 对变量 x_1, x_2 没有非负性限制, 即不要求 $x_1 \geqslant 0, x_2 \geqslant 0$)

$$(\hat{\text{P}}_1) \begin{cases} \max \ f(x_1,x_2) \\ h(x_1,x_2) = 0 \end{cases}$$

对应地有
$$L(x_1, x_2, \lambda) = f(x_1, x_2) - \lambda h(x_1, x_2)$$
它们之间的区别由表 4.1 给出.

表 4.1

	(P) KT 条件	($\hat{P}$) 拉格朗日乘子法
约束条件	$g_1(x_1, x_2) \leqslant 0, g_2(x_1, x_2) \leqslant 0$ $x_1 \geqslant 0, x_2 \geqslant 0$	$h(x_1, x_2) = 0$
乘子	广义拉格朗日乘子 u_1, u_2	拉格朗日乘子 λ
对变量 x_1 和 x_2 的偏微商	$\dfrac{\partial \varphi(x_1, x_2, u_1, u_2)}{\partial x_1} \leqslant 0$ $\dfrac{\partial \varphi(x_1, x_2, u_1, u_2)}{\partial x_2} \leqslant 0$	$\dfrac{\partial L(x_1, x_2, \lambda)}{\partial x_1} = 0$ $\dfrac{\partial L(x_1, x_2, \lambda)}{\partial x_2} = 0$
对乘子的偏微商	$\dfrac{\partial \varphi(x_1, x_2, u_1, u_2)}{\partial u_1} \geqslant 0$ $\dfrac{\partial \varphi(x_1, x_2, u_1, u_2)}{\partial u_2} \geqslant 0$	$\dfrac{\partial L(x_1, x_2, \lambda)}{\partial \lambda} = 0$
对变量 x_1, x_2 的限制	$x_1 \geqslant 0$ $x_2 \geqslant 0$	无
对乘子的限制	$u_1 \geqslant 0$ $u_2 \geqslant 0$	对乘子 λ 无限制
互补条件	$\dfrac{\partial \varphi(x_1, x_2, u_1, u_2)}{\partial x_1} \cdot x_1 = 0$ $\dfrac{\partial \varphi(x_1, x_2, u_1, u_2)}{\partial x_2} \cdot x_2 = 0$ $\dfrac{\partial \varphi(x_1, x_2, u_1, u_2)}{\partial u_1} \cdot u_1 = 0$ $\dfrac{\partial \varphi(x_1, x_2, u_1, u_2)}{\partial u_2} \cdot u_2 = 0$	无

第 5 章

中央对地方的资金分配模型

5.1 集中决策模型

计划部门有一笔数量为 a 的资金,要分配给 n 个所属的企业,问如何制定资金的分配方案和分配办法. 设

$$x_j = 第j个企业获得资金数, \quad j=1,\cdots,n$$

$$f_j(x_j) = 第j个企业的生产函数(产值), \quad j=1,\cdots,n$$

称计划部门为"中央",各企业为"地方"."中央"与"地方"的关系如图 5.1 所示.

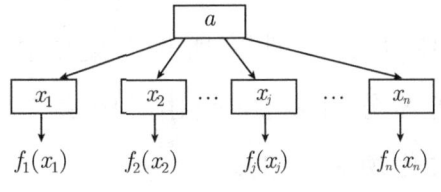

图 5.1

如果"中央"以各企业的产值总和最大为目标,有如下的数学规划模型

$$\begin{cases} \max \sum_{j=1}^{n} f_j(x_j) \\ \sum_{j=1}^{n} x_j \leqslant a \\ x_j \geqslant 0, \quad j=1,\cdots,n \end{cases}$$

集中决策模型的性质　　为了简单,我们取 $n=2$,即"中央"的所属企业只有两个,则问题为

$$(P) \begin{cases} \max\ [f_1(x_1)+f_2(x_2)] \\ x_1+x_2 \leqslant a \\ x_1 \geqslant 0, \quad x_2 \geqslant 0 \end{cases}$$

其中 $f_1(x_1)$ 和 $f_2(x_2)$ 为具有一阶连续微商 $f_1'(x_1), f_2'(x_2)$ 的凹函数,并且

$$f_1'(x_1)>0, \quad f_2'(x_2)>0$$

称 (P) 为"集中决策模型",所谓"集中决策"是指:两个企业到底能够分得多少,是由"中央"按两个企业的产值之和最大化所决定的.

先来研究 (P) 的性质. 而后分析一下,各企业对计划部门的分配原则是如何做出反应的.

考虑 (P) 对应的 KT 条件. 此时约束条件

$$g_1(x_1, x_2) = x_1 + x_2 - a \leqslant 0$$

因此广义 L 函数为 (其中 u 为广义拉格朗日乘子)

$$\varphi(x_1, x_2, u) = f_1(x_1) + f_2(x_2) - u(x_1 + x_2 - a)$$

则 KT 条件为

$$(\text{KT}) \begin{cases} \dfrac{\partial \varphi(x_1, x_2, u)}{\partial x_1} = f_1'(x_1) - u \leqslant 0, \quad x_1 \geqslant 0 \\ \dfrac{\partial \varphi(x_1, x_2, u)}{\partial x_1} \cdot x_1 = (f_1'(x_1) - u)x_1 = 0 \\ \dfrac{\partial \varphi(x_1, x_2, u)}{\partial x_2} = f_2'(x_2) - u \leqslant 0, \quad x_2 \geqslant 0 \\ \dfrac{\partial \varphi(x_1, x_2, u)}{\partial x_2} \cdot x_2 = (f_2'(x_1) - u)x_2 = 0 \\ \dfrac{\partial \varphi(x_1, x_2, u)}{\partial u} = -(x_1 + x_2 - a) \geqslant 0, \quad u \leqslant 0 \\ \dfrac{\partial \varphi(x_1, x_2, u)}{\partial u} \cdot u = -(x_1 + x_2 - a)u = 0 \end{cases}$$

设 $\bar{x}_1, \bar{x}_2, \bar{u}$ 满足 KT 条件, 即

$$\begin{cases} \dfrac{\partial \varphi(\bar{x}_1, \bar{x}_2, \bar{u})}{\partial x_1} = f_1'(\bar{x}_1) - \bar{u} \leqslant 0, \quad \bar{x}_1 \geqslant 0 \\ \dfrac{\partial \varphi(\bar{x}_1, \bar{x}_2, \bar{u})}{\partial x_1} \cdot \bar{x}_1 = (f_1'(\bar{x}_1) - \bar{u})\bar{x}_1 = 0 \end{cases} \quad (5.1)$$

$$\begin{cases} \dfrac{\partial \varphi(\bar{x}_1, \bar{x}_2, \bar{u})}{\partial x_2} = f_2'(\bar{x}_2) - \bar{u} \leqslant 0, \quad \bar{x}_2 \geqslant 0 \\ \dfrac{\partial \varphi(\bar{x}_1, \bar{x}_2, \bar{u})}{\partial x_2} \cdot \bar{x}_2 = (f_2'(\bar{x}_2) - \bar{u})\bar{x}_2 = 0 \end{cases} \quad (5.2)$$

$$\begin{cases} \dfrac{\partial \varphi(\bar{x}_1, \bar{x}_2, \bar{u})}{\partial u} = -(\bar{x}_1 + \bar{x}_2 - a) \geqslant 0, \quad \bar{u} \geqslant 0 \\ \dfrac{\partial \varphi(\bar{x}_1, \bar{x}_2, \bar{u})}{\partial u} \cdot \bar{u} = -(\bar{x}_1 + \bar{x}_2 - a)\bar{u} = 0 \end{cases} \quad (5.3)$$

由于 (P) 的目标函数 $f_1(x_1) + f_2(x_2)$ 为凹函数,约束函数都为线性的,所以满足 KT 条件的 $\bar{x}_1, \bar{x}_2$ 为 (P) 的最优解 (见定理 4.2). 因为

$$f_1'(x_1) > 0, \quad f_2'(x_2) > 0$$

知 $f_1(x_1)$ 和 $f_2(x_2)$ 为严格单调增函数, 故 (P) 的最优解必须满足

$$\bar{x}_1 + \bar{x}_2 = a \quad (5.4)$$

例 5.1 设计划决策部总基金数 $a = 5$, 第 1 个企业的生产函数为

$$f_1(x_1) = 4\sqrt{x_1} + 1, \quad x_1 \geqslant 0$$

第 2 个企业的生产函数为

$$f_2(x_2) = 2\sqrt{x_2} + 1, \quad x_2 \geqslant 0$$

集中决策模型为

$$(\mathrm{P}) \begin{cases} \max\ [(4\sqrt{x_1} + 1) + (2\sqrt{x_2} + 1)] \\ x_1 + x_2 \leqslant 5 \\ x_1 \geqslant 0, \quad x_2 \geqslant 0 \end{cases}$$

此时 KT 条件为

$$(\text{KT}) \begin{cases} \dfrac{\partial \varphi(\bar{x}_1, \bar{x}_2, \bar{u})}{\partial x_1} = 2\bar{x}_1^{-\frac{1}{2}} - \bar{u} \leqslant 0, \quad \bar{x}_1 \geqslant 0 & (5.5) \\ \dfrac{\partial \varphi(\bar{x}_1, \bar{x}_2, \bar{u})}{\partial x_1} \cdot \bar{x}_1 = (2\bar{x}_1^{-\frac{1}{2}} - \bar{u})\bar{x}_1 = 0 & (5.6) \\ \dfrac{\partial \varphi(\bar{x}_1, \bar{x}_2, \bar{u})}{\partial x_2} = \bar{x}_2^{-\frac{1}{2}} - \bar{u} \leqslant 0, \quad \bar{x}_2 \geqslant 0 & (5.7) \\ \dfrac{\partial \varphi(\bar{x}_1, \bar{x}_2, \bar{u})}{\partial x_2} \cdot \bar{x}_2 = (\bar{x}_2^{-\frac{1}{2}} - \bar{u})\bar{x}_2 = 0 & (5.8) \\ \dfrac{\partial \varphi(\bar{x}_1, \bar{x}_2, \bar{u})}{\partial u_1} = -(\bar{x}_1 + \bar{x}_2 - 5) \geqslant 0, \quad \bar{u} \geqslant 0 & (5.9) \\ \dfrac{\partial \varphi(\bar{x}_1, \bar{x}_2, \bar{u})}{\partial u_1} \cdot \bar{u} = -(\bar{x}_1 + \bar{x}_2 - 5)\bar{u} = 0 & (5.10) \end{cases}$$

其中

$$\varphi(x_1, x_2, u) = (4\sqrt{x_1} + 1) + (2\sqrt{x_2} + 1) - u(x_1 + x_2 - 5)$$

因为 (P) 的最优解必满足 KT 条件,在 (5.5) 和 (5.7) 中含有 $\bar{x}_1^{-\frac{1}{2}}, \bar{x}_2^{-\frac{1}{2}}$,这意味着 $\bar{x}_1 > 0, \bar{x}_2 > 0$. 再由 (5.6),(5.8) 知

$$\begin{cases} 2\bar{x}_1^{-\frac{1}{2}} - \bar{u} = 0 \\ \bar{x}_2^{-\frac{1}{2}} - \bar{u} = 0 \end{cases}$$

于是

$$\bar{x}_1 = 4\bar{x}_2, \quad \bar{u} > 0$$

由 (5.10) 知

$$\bar{x}_1 + \bar{x}_2 = 5,$$

最后得到 (P) 的最优解为

$$\bar{x}_1 = 4, \quad \bar{x}_2 = 1$$

以及广义拉格朗日乘子

$$\bar{u} = \bar{x}_2^{-\frac{1}{2}} = 1$$

5.2 分散决策模型

所谓"分散决策模型"是指在计划部门先给定贷款利息 $\hat{u}$ 后, 两个企业按利润最大化分别进行决策的模型.

第 1 个企业, 由下面模型 (P_1) 决定贷款的金额 (目标函数为利润)

$$(P_1) \begin{cases} \max \ (f_1(x_1) - \hat{u} x_1) \\ x_1 \geqslant 0 \end{cases}$$

分散决策模型 (P_1) 的经济含义是: 将广义拉格朗日乘子 $\hat{u}$ 理解为计划部门资金的"贷款"利率, 那么 $f_1(x_1) - \hat{u} x_1 =$ 第 1 个企业获得资金 x_1 后的利润. 设 (P_1) 的最优解为 $\hat{x}_1$. 因此 $\hat{x}_1$ 满足 (P_1) 所对应的 KT 条件为

$$(\text{KT}-1)\begin{cases} f_1'(\hat{x}_1) - \hat{u} \leqslant 0, \quad \hat{x}_1 \geqslant 0 \\ (f_1'(\hat{x}_1) - \hat{u})\hat{x}_1 = 0 \end{cases}$$

类似地,对于第 2 个企业,由下面模型 (P_2) 决定"贷款"的金额

$$(\text{P}_2)\begin{cases} \max\ (f_2(x_2) - \hat{u}x_2) \\ x_2 \geqslant 0 \end{cases}$$

设 (P_2) 的最优解为 $\hat{x}_2$. 因此 $\hat{x}_2$ 满足 (P_2) 所对应的 KT 条件为

$$(\text{KT}-2)\begin{cases} f_2'(\hat{x}_2) - \hat{u} \leqslant 0, \quad \hat{x}_2 \geqslant 0 \\ (f_2'(\hat{x}_2) - \hat{u})\hat{x}_2 = 0 \end{cases}$$

5.3 资金分配的办法 —— 试错法

由 5.1 节的讨论可知,中央 (计划部门) 用求 (P) 的最优解 $\bar{x}_1, \bar{x}_2$ 来进行资金的分配. 在研究和讨论解决这一问题的历史上,曾有人认为存在着"信息困难",即中央 (计划部门) 事先无法掌握各企业的生产函数 (甚至企业本身都不知道); 也有人认为存在"求解困难",是指在当时计算方法和计算机的水平下,直接求 (P) 或利用

KT 条件求解, 存在困难; 也有人认为单纯使用数学规划 (P) 时, 没有考虑市场的价格机制, 纯粹是计划决策部门的计划经济决策办法. 在经济学历史上, 曾就此展开过一场"社会主义是否可行"的大论战. 后来, 有学者提出了"试错法", 不但给出了一种资金分配的办法, 也对"集中决策模型"给出了合理的解释. 可以看出它也体现了市场的机制.

试错法　计划决策部门先给出贷款利息 $\hat{u} > 0$. 而后, 将 $\hat{u}$ 通报给各企业.

企业进行分散决策: 企业 1 以利润 $f_1(x_1) - \hat{u}x_1$ 为目标进行决策, 即

$$(\hat{P}_1) \begin{cases} \max\ [f_1(x_1) - \hat{u}x_1] \\ x_1 \geqslant 0 \end{cases}$$

设 $(\hat{P}_1)$ 的最优解为 $\hat{x}_1$ (贷款数量).

类似地, 企业 2 以利润 $f_2(x_2) - \hat{u}x_2$ 为目标进行决策, 即

$$(\hat{P}_2) \begin{cases} \max\ [f_2(x_2) - \hat{u}x_2] \\ x_2 \geqslant 0 \end{cases}$$

设 $(\hat{P}_2)$ 的最优解为 $\hat{x}_2$ (贷款数量).

可以看出,计划决策部门不必事先知道企业的生产函数;对于企业来说,既使企业本身不用使用自己生产函数求解,它们都有自己的一本账,根据自己的经营经验,进行贷款决策,两个企业分别给出 $\hat{x}_1$ 和 $\hat{x}_2$.

计划决策部门根据各企业上报的贷款数量 $\hat{x}_1, \hat{x}_2$,计算出总和 $\hat{x}_1 + \hat{x}_2$,并与原计划的资金数量 a 进行比较. 有以下三种情况.

(i) $\hat{x}_1 + \hat{x}_2 < a$. 表明贷款利息偏高. 需降低贷款利息.

(ii) $\hat{x}_1 + \hat{x}_2 > a$. 表明贷款利息偏低,需提高贷款利息.

(iii) 若 $\hat{x}_1 + \hat{x}_2 = a$. 此时,由 $\hat{x}_1$,为 (P_1) 的最优解,故有 KT 条件

$$(\text{KT}-1) \begin{cases} f_1'(\hat{x}_1) - \hat{u} \leqslant 0, & \hat{x}_1 \geqslant 0 \\ (f_1'(\hat{x}_1) - \hat{u})\hat{x}_1 = 0 \end{cases} \quad (5.11)$$

再由 $\hat{x}_2$ 为 (P_2) 的最优解,故有 KT 条件

$$(\text{KT}-2) \begin{cases} f_2'(\hat{x}_2) - \hat{u} \leqslant 0, & \hat{x}_2 \geqslant 0 \\ (f_2'(\hat{x}_2) - \hat{u})\hat{x}_2 = 0 \end{cases} \quad (5.12)$$

由 (5.11) 和 (5.12), 以及

$$\hat{x}_1 + \hat{x}_2 = a$$

知 $\hat{x}_1, \hat{x}_2, \hat{u}$ 满足集中决策模型 (P) 的 KT 条件, 即

$$(\text{KT}) \begin{cases} \dfrac{\partial \varphi(\hat{x}_1, \hat{x}_2, \hat{u})}{\partial x_1} = f_1'(\hat{x}_1) - \hat{u} \leqslant 0, \quad \hat{x}_1 \geqslant 0 \\ \dfrac{\partial \varphi(\hat{x}_1, \hat{x}_2, \hat{u})}{\partial x_1} \cdot \hat{x}_1 = (f_1'(\hat{x}_1) - \hat{u})\hat{x}_1 = 0 \\ \dfrac{\partial \varphi(\hat{x}_1, \hat{x}_2, \hat{u})}{\partial x_2} = f_2'(\hat{x}_2) - \hat{u} \leqslant 0, \quad \hat{x}_2 \geqslant 0 \\ \dfrac{\partial \varphi(\hat{x}_1, \hat{x}_2, \hat{u})}{\partial x_2} \cdot \hat{x}_2 = (f_2'(\hat{x}_2) - \hat{u})\hat{x}_2 = 0 \\ \dfrac{\partial \varphi(\hat{x}_1, \hat{x}_2, \hat{u})}{\partial u} = -(\hat{x}_1 + \hat{x}_2 - a) \geqslant 0, \quad \hat{u} \geqslant 0 \\ \dfrac{\partial \varphi(\hat{x}_1, \hat{x}_2, \hat{u})}{\partial u} \cdot \hat{u} = -(\hat{x}_1 + \hat{x}_2 - a)\hat{u} = 0 \end{cases}$$

因此, $\hat{x}_1, \hat{x}_2$ 为 (P) 的最优解. 可以看出, 当 $\hat{x}_1 + \hat{x}_2 = a$ 时, 计划决策部门给出的贷款利息 $\hat{u}$ 是合适的. $\hat{x}_1, \hat{x}_2$ 是最优的资金分配方案. 因此, 这是求之不得的一种情况.

例 5.2 设计划决策部总基金数 $a = 5$, 第 1 个企业的生产函数为

$$f_1(x_1) = 4\sqrt{x_1} + 1, \quad x_1 \geqslant 0$$

第 2 个企业的生产函数为

$$f_2(x_2) = 2\sqrt{x_2} + 1, \quad x_2 \geqslant 0$$

集中决策模型为

$$(\text{P}) \begin{cases} \max\ (4\sqrt{x_1} + 2\sqrt{x_2} + 2) \\ x_1 + x_2 \leqslant 5 \\ x_1 \geqslant 0, \quad x_2 \geqslant 0 \end{cases}$$

现用试错法确定资金的最优分配. 有以下步骤.

步骤 1 计划决策部门取贷款利息 $\hat{u} = 1.5$ 时, 第 1 个企业由

$$(\text{P}_1) \begin{cases} \max\ [(4\sqrt{x_1} + 1) - 1.5x_1] \\ x_1 \geqslant 0 \end{cases}$$

知最优解 $\hat{x}_1 > 0$, 于是 $\hat{x}_1$ 满足

$$\frac{\mathrm{d}}{\mathrm{d}x_1}[(4\sqrt{x_1} + 1) - 1.5x_1] = 0$$

即

$$2(x_1)^{-\frac{1}{2}} = 1.5$$

由此得出 $\hat{x}_1 = \dfrac{16}{9}$.

第 2 个企业由

$$(\text{P}_2) \begin{cases} \max\ [(2\sqrt{x_2} + 1) - 1.5x_2] \\ x_2 \geqslant 0 \end{cases}$$

知最优解 $\hat{x}_2 > 0$. 于是 $\hat{x}_2$ 满足

$$\frac{\mathrm{d}}{\mathrm{d}x_2}[(2\sqrt{x_2}+1) - 1.5x_2] = 0$$

即

$$(x_2)^{-\frac{1}{2}} = 1.5$$

由此得出 $\hat{x}_2 = \dfrac{4}{9}$. 再由

$$\hat{x}_1 + \hat{x}_2 = \frac{16}{9} + \frac{4}{9} = \frac{20}{9} < 5 = a$$

知贷款利息 $\hat{u} = 1.5$ 过高.

步骤 2 计划决策部门下调贷款利息为 $\tilde{u} = 0.5$. 第一个企业由

$$(\mathrm{P}_1) \begin{cases} \max \quad [(4\sqrt{x_1}+1) - 0.5x_1] \\ x_1 \geqslant 0 \end{cases}$$

知最优解 $\tilde{x}_1 > 0$, 于是 $\tilde{x}_1$ 满足

$$\frac{\mathrm{d}}{\mathrm{d}x_1}[(4\sqrt{x_1}+1) - 0.5x_1] = 0$$

即

$$2x_1^{-\frac{1}{2}} = 0.5$$

由此得出 $\tilde{x}_1 = 16$.

第二个企业由

$$(P_2) \begin{cases} \max\ [(2\sqrt{x_2}+1)-0.5x_2] \\ x_2 \geqslant 0 \end{cases}$$

知最优解 $\tilde{x}_2 > 0$. 于是 $\tilde{x}_2$ 满足

$$\frac{\mathrm{d}}{\mathrm{d}x_2}[(2\sqrt{x_2}+1)-0.5x_2] = 0$$

即

$$(x_2)^{-\frac{1}{2}} = 0.5$$

由此得出 $\tilde{x}_2 = 4$. 再由

$$\tilde{x}_1 + \tilde{x}_2 = 16 + 4 = 20 > 5 = a$$

知贷款利息 $\tilde{u} = 0.5$ 偏低. 并且, 计划决策部的贷款利息应该在 0.5 和 1.5 之间.

步骤 3 取贷款利息

$$\bar{u} = \frac{1}{2}\hat{u} + \frac{1}{2}\tilde{u} = \frac{1}{2}(1.5) + \frac{1}{2}(0.5) = 1.$$

此时, 第一个企业由

$$(P_1) \begin{cases} \max\ [(4\sqrt{x_1}+1)-x_1] \\ x_1 \geqslant 0 \end{cases}$$

知最优解 $\bar{x}_1 > 0$. 于是 $\bar{x}_1$ 满足
$$\frac{\mathrm{d}}{\mathrm{d}x_1}[(4\sqrt{x_1}+1)-x_1]=0$$
即
$$2x_1^{-\frac{1}{2}}=1,$$
由此得出 $\bar{x}_1 = 4$.

第 2 个企业由
$$(\mathrm{P}_2)\begin{cases}\max\quad[(2\sqrt{x_2}+1)-x_2]\\ x_2\geqslant 0\end{cases}$$

知最优解 $\bar{x}_2 > 0$. 于是 $\bar{x}_2$ 满足
$$\frac{\mathrm{d}}{\mathrm{d}x_2}[(2\sqrt{x_2}+1)-x_2]=0$$
即
$$x_2^{-\frac{1}{2}}=1,$$
由此得出 $\bar{x}_2 = 1$. 因为
$$\bar{x}_1+\bar{x}_2=4+1=5=a$$

所以 (P) 的最优解 (资金的最优分配方案) 为
$$\bar{x}_1=4,\quad \bar{x}_2=1.$$

相应的贷款利息为 $\bar{u}=1$.

第 6 章

多阶段生产的动态优化模型

6.1 问题的提出

厂商拥有原料的数量为 $C, C>0$, 它是事先给定的. 数量为 C 的原料用于两种生产方式 I 和 II 进行生产(可以理解为两个生产车间都使用这种原料生产各自的产品). 在第 1 阶段, 将原料分配给两种生产方式进行生产, 而后对原料进行回收, 再分配给两种生产方式, 进行第 2 阶段的生产. 以后, 再回收、再分配、再生产……如此进行多个阶段的生产. 多阶段的生产安排问题是: 用数量为 C 的原料, 进行 n 个阶段的生产. 在每个阶段如何将原料分配给生产方式 I 和生产方式 II (即在每个阶段, 厂商采取什么最优策略), 使得 n 个阶段生产的总收益最大.

6.2 三阶段生产的优化模型

为了说明问题, 本节考虑厂商进行 3 个阶段的生产

(即 $n=3$). 设

$$f_1(x) = \text{生产方式 I 的收益函数}, \quad x \geqslant 0$$

$$f_2(x) = \text{生产方式 II 的收益函数}, \quad x \geqslant 0$$

$a_1 = $ 生产方式 I 的回收率 (回收原料的百分比), $0 < a_1 < 1$, $a_2 = $ 生产方式 II 的回收率 (回收原料的百分比), $0 < a_2 < 1$.

考虑第 1 阶段. 为方便, 记 $z_1 = C$. 设在第 1 个阶段对生产方式 I 的投入量为 x_1. 于是, 对生产方式 II 的投入量为

$$y_1 = z_1 - x_1, \quad x_1 \leqslant z_1$$

两种生产方式进行生产后, 原料的回收之和为

$$z_2 = a_1 x_1 + a_2 y_1 = a_1 x_1 + a_2(z_1 - x_1)$$

第 1 阶段生产的收益总和为

$$f_1(x_1) + f_2(y_1)$$

设在第 2 阶段对生产方式 I 的投入量为 $x_2, x_2 \leqslant z_2$, 则对生产方式 II 的投入量为

$$y_2 = z_2 - x_2 \quad x_2 \leqslant z_2$$

两种生产方式进行生产后, 原料回收之和为

$$z_3 = a_1 x_2 + a_2 y_2 = a_1 x_2 + a_2(z_2 - x_2)$$

第 2 阶段生产的收益之和为

$$f_1(x_2) + f_2(y_2)$$

设在第 3 个阶段对生产方式 I 的投入量为 x_3, $x_3 \leqslant z_3$, 则对生产方式 II 的投入量为

$$y_3 = z_3 - x_3, \quad x_3 \leqslant z_3$$

第 3 阶段生产的收益之和为

$$f_1(x_3) + f_2(y_3)$$

于是, 进行三个阶段生产的优化模型为

$$(P) \begin{cases} \max\ \{[f_1(x_1) + f_2(y_1)] + [f_1(x_2) + f_2(y_2)] \\ \qquad + [f_1(x_3) + f_2(y_3)]\} \\ y_1 = z_1 - x_1, \quad 0 \leqslant x_1 \leqslant z_1 \\ y_2 = z_2 - x_2, \quad 0 \leqslant x_2 \leqslant z_2 \\ y_3 = z_3 - x_3, \quad 0 \leqslant x_3 \leqslant z_3 \\ z_1 = C \\ z_2 = a_1 x_1 + a_2 y_1 \\ z_3 = a_1 x_2 + a_2 y_2 \end{cases}$$

设 $\bar{x}_1, \bar{y}_1, \bar{z}_1, \bar{x}_2, \bar{y}_2, \bar{z}_2, \bar{x}_3, \bar{y}_3, \bar{z}_3$ 为 (P) 的最优解. 即

$$(\bar{x}_1, \bar{y}_1) = 厂商在第一阶段的最优策略$$

$$(\bar{x}_2, \bar{y}_2) = 厂商在第二阶段的最优策略$$

$$(\bar{x}_3, \bar{y}_3) = 厂商在第三阶段的最优策略$$

上述优化模型 (P) 是一个 (静态的) 数学规划模型. 实际上, 多阶段生产配置问题是与"时段"有关的. 可以利用动态规划模型去计算和求解. 将在下一节讨论.

6.3 多阶段原料配置的动态规划模型

记

$g_1(z) = $初始原料投入为 z, 厂商进行一个阶段生产, 采取最优策略时的最大收益;

$g_2(z) = $初始原料投入为 z, 厂商进行两个阶段生产, 每个阶段都采取最优策略时的最大收益;

$g_3(z) = $初始原料投入为 z, 厂商进行三个阶段生产, 每个阶段都采取最优策略时的最大收益.

显然, 我们的问题是求 $g_3(C)$. 并且, 在每个阶段都需

要给出对生产方式 I 和生产方式 II 的原料投入量 (即每个阶段的最优决策).

先考虑 $g_3(z)$. 若在第 1 阶段对生产方式 I 的投入量为 $x_1, 0 \leqslant x_1 \leqslant z$, 则对生产方式 II 的投入量为 $y_1 = z - x_1$. 那么, 第 1 阶段的收益为

$$f_1(x_1) + f_2(y_1) = f_1(x_1) + f_2(z - x_1)$$

并且原料回收之和为

$$z_2 = a_1 x_1 + a_2 y_1 = a_1 x_1 + a_2(z - x_1)$$

在第 2 阶段, 由回收的原料 z_2 作为初始投入, 进行余下的两个阶段生产所获最大收益为

$$g_2(z_2) = g_2(a_1 x_1 + a_2(z - x_1))$$

于是, 首先在第 1 阶段对生产方 I 投入为 x_1, 对生产方式 II 投入为 $y_1 = z - x_1$ 进行生产. 而在余下的两阶段, 由投入 z_2 进行生产, 每个阶段都采取最优策略之后, 三个阶段生产的收益为

$$[f_1(x_1) + f_2(z - x_1)] + g_2(z_2)$$
$$= [f_1(x_1) + f_2(z - x_1)] + g_2(a_1 x_1 + a_1(z - x_1))$$

注意, 上式是对任意满足 $0 \leqslant x_1 \leqslant z$ 的 x_1, 三个阶段所得收益值. 而 $g_3(z)$ 是三个阶段生产时, 在每个阶段, 厂商都采取最优策略时所获得的最大收益. 于是对任意满足 $0 \leqslant x_1 \leqslant z$ 的 x_1 都有

$$g_3(z) \geqslant f_1(x_1) + f_2(z - x_1) + g_2(a_1 x_1 + a_2(z - x_1))$$

如果在上面不等式的右方, 对于 $0 \leqslant x_1 \leqslant z$ 取最大值, 则有 (见 6.4 节)

$$g_3(z) = \max_{0 \leqslant x_1 \leqslant z} \{f_1(x_1) + f_2(z - x_1) + g_2(a_1 x_1 + a_2(z - x_1))\} \tag{6.1}$$

不难看出: 如果我们能得到函数 $g_2(z)$ 的表达式, 通过式 (6.1), 很容易得到函数 $g_3(z)$ 的表达式 (公式), 以及最优解 $\bar{x}_1$ ($\bar{x}_1$ 为第 1 阶段的最优决策).

现在考虑 $g_2(z)$. 类似于对 $g_3(c)$ 的分析, 可以得到

$$g_2(z) = \max_{0 \leqslant x_2 \leqslant z} \{f_1(x_2) + f_2(z - x_2) + g_1(a_1 x_2 + a_2(z - x_2))\} \tag{6.2}$$

这同样需要事先求得函数 $g_1(z)$ 的表示式.

然而, $g_1(z)$ 的表示式是很容易得到的. 实际上, 我们有

$$g_1(z) = \max_{0 \leqslant x_3 \leqslant z} \{f_1(x_3) + f_2(z - x_3)\} \tag{6.3}$$

由以上分析可以看出，当我们求 $g_3(z)$ 时，可先用式 (6.3) 求出函数 $g_1(z)$ 的表示式 (公式)，进而计算出 $g_1(a_1x_2 + a_2(z - x_2))$；再由 (6.2) 求出 $g_2(z)$ 的表示式 (公式)，进而计算出 $g_2(a_1x_1 + a_2(z - x_1))$；最后由 (6.1) 求出 $g_3(z)$ 的表示式 (公式). 将 $z = C$ 代入 $g_3(z)$ 中，得到 $g(C)$. 上述求解过程是由 $g_1(z)$ 推得 $g_2(z)$，再由 $g_2(z)$ 推得 $g_3(z)$ 的倒推过程去实现，见图 6.1.

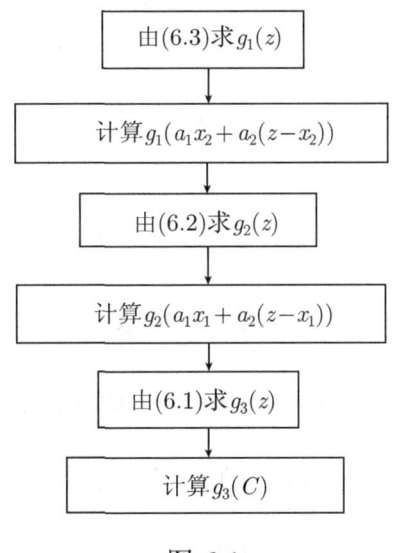

图 6.1

例 6.1 厂商具有原料的数量为 $C = 100$，用来进行三个阶段的生产. 并且

生产方式 I：收益 $f_1(x) = 0.9x$，回收率 $a_1 = 0.2$

生产方式 II : 收益 $f_1(x) = 0.5x$, 回收率 $a_2 = 0.7$

(注意：生产方式 I 的收益函数与生产方式 II 的收益函数之间有

$$f_1(x) > f_2(x), \quad x > 0$$

而两种生产方式的回收率之间有 $a_1 < a_2$. 即生产方式 I 的收益比生产方式 II 的收益大, 但回收率却比生产方式 II 小).

第一步 由式 (6.3) 求 $g_1(z)$(这里 $f_1(x) = 0.9x, f_2(x) = 0.5x$)

$$\begin{aligned}
g_1(z) &= \max_{0 \leqslant x_3 \leqslant z} \{f_1(x_3) + f_2(z - x_3)\} \\
&= \max_{0 \leqslant x_3 \leqslant z} \{0.9x_3 + 0.5(z - x_3)\} \\
&= \max_{0 \leqslant x_3 \leqslant z} \{0.4x_3 + 0.5z\} \\
&= \max_{0 \leqslant x_3 \leqslant z} \{0.4x_3\} + 0.5z \\
&= 0.9z \quad (\text{此时}, x_3 = z)
\end{aligned}$$

这里, $x_3 = z$ 意味着：在只有一个阶段的生产中, 最优决策是将全部原料都投入到生产方式 I.

第二步 计算 (这里 $a_1 = 0.2, a_2 = 0.7$)

$$g_1(a_1x_2 + a_2(z - x_2)) = 0.9[0.2x_2 + 0.7(z - x_2)]$$

$$= -0.45x_2 + 0.63z$$

第三步 由式 (6.2)，求 $g_2(z)$（这里 $g_1(a_1x_2 + a_2(z - x_2)) = -0.45x_2 + 0.63z$），有

$$g_2(z) = \max_{0 \leqslant x_2 \leqslant z} \{[f_1(x_2) + f_2(z - x_2)] + g_1(a_1x_2 + a_2(z - x_2))\}$$

$$= \max_{0 \leqslant x_2 \leqslant z} \{[0.9x_2 + 0.5(z - x_2)] + (-0.45x_2 + 0.63z)\}$$

$$= \max_{0 \leqslant x_2 \leqslant z} \{-0.05x_2 + 1.13z\}$$

$$= \max_{0 \leqslant x_2 \leqslant z} \{-0.05x_2\} + 1.13z$$

$$= 1.13z \quad (\text{此时}, x_2 = 0)$$

这里，$x_2 = 0$ 意味着：在两个阶段的生产中，最优策略是：首先将全部原料都投入到生产方式 II．

第四步 计算（这里 $a_1 = 0.2, a_2 = 0.7$）

$$g_2(a_1x_1 + a_2(z - x_1)) = 1.13[0.2x_1 + 0.7(z - x_1)]$$

$$= -0.57x_1 + 0.79z$$

第五步 由式 (6.1) 求 $g_3(z)$（这里 $g_2(a_1x_1 + a_2(z - x_1)) = -0.57x_1 + 0.79z$），有

$$g_3(z) = \max_{0 \leqslant x_1 \leqslant z} \{[f_1(x_1) + f_2(z-x_1)] + g_2(a_1x_1 + a_2(z-x_1))\}$$

$$= \max_{0 \leqslant x_1 \leqslant z} \{[0.9x_1 + 0.5(z-x_1)] + (-0.57x_1 + 0.79z)\}$$

$$= \max_{0 \leqslant x_1 \leqslant z} \{-0.17x_1 + 1.29z\}$$

$$= \max_{0 \leqslant x_1 \leqslant z} \{-0.17x_1\} + 1.29z$$

$$= 1.29z \quad (\text{此时}, x_1 = 0)$$

这里,$x_1 = 0$ 意味着:在三个阶段的生产中,最优策略是:首先将全部原料都投入到生产方式 II.

第六步 计算 $g_3(100)$.

$$g_3(C) = g_3(100) = 129$$

最优选择为:第 1 阶段全部原料 $C = 100$ 投入到生产方式 II;第 2 阶段将第 1 阶段生产后的回收原料全部投到生产方式 II;第 3 阶段将第 2 阶段的回收原料全部投到生产方式 I.

*6.4　附录:动态规划的最优化原理

在 6.3 节给出的多阶段原料配置的动态优化模型,实际上是一种典型的动态规划模型. 动态规划是解决多

第6章 / 多阶段生产的动态优化模型

阶段决策过程的最优化问题的一种方法. 所谓多阶段决策是指这样的一类决策问题: 由于它的特殊性, 我们可以按时间, 空间等, 将它分为很多阶段, 每一个阶段都需作出决策, 使得整个过程达到最优. 一个多阶段决策问题, 可以用动态规划的"最优化原理", 建立递推关系式, 进行递推计算.

最优化原理 一个多阶段的决策过程的最优策略具有这样的性质, 即无论初始状态和初始决策如何, 其今后诸决策对以第一个决策所形成的状态作为初始状态而言, 必须构成最优策略.

在 6.3 节中得到的三个递推公式 (6.1)~(6.3) 就是根据动态规则的最优化原理得到的:

$$g_3(z) = \max_{0 \leqslant x_1 \leqslant z} \{[f_1(x_1) + f_2(z - x_1)] + g_2(a_1 x_1 + a_2(z - x_1))\}$$

$$g_2(z) = \max_{0 \leqslant x_2 \leqslant z} \{[f_1(x_2) + f_2(z - x_2)] + g_1(a_1 x_2 + a_2(z - x_2))\}$$

$$g_1(z) = \max_{0 \leqslant x_3 \leqslant z} \{f_1(x_3) + f_2(z - x_3)\}$$

实际上, 我们可以严格证明它. 先证明下式成立:

$$g_3(z) = \max_{0 \leqslant x_1 \leqslant z} \{[f_1(x_1) + f_2(z - x_1)] + g_2(a_1 x_1 + a_2(z - x_1))\}$$

其中

$g_3(z)=$ 初始原料投入为 z,厂商进行三个阶段生产,每个阶段都采取最优策略时的最大收益

证明 当在第 1 阶段,对生产方式 I 的任意投入为 x_1(其中 $0 \leqslant x_1 \leqslant z$),则对生产方式 II 的投入为 $y_1 = z - x_1$, 于是在第 1 阶段的收益为

$$f_1(x_1) + f_2(z - x_1)$$

此时回收的原料为

$$a_1 x_1 + a_2(z - x_1)$$

若在以下两个阶段 (第 2 阶段和第 3 阶段) 都采取最优化的原料配置决策,则最大收益为

$$g_2(a_1 x_1 + a_2(z - x_1))$$

这样,三个阶段的总收益为

$$f_1(x_1) + f_2(z - x_1) + g_2(a_1 x_1 + a_2(z - x_1))$$

由于

$g_3(z)=$ 初始原料投入为 z,厂商进行三个阶段生产, 每个阶段都采取最优策略时的最大收益

第 6 章 / 多阶段生产的动态优化模型

知对任意 $x_1(0 \leqslant x_1 \leqslant z_1)$ 都有

$$g_3(z) \geqslant f_1(x_1) + f_2(z - x_1) + g_2(a_1 x_1 + a_2(z - x_1))$$

因此, 有

$$g_3(z) \geqslant \max_{0 \leqslant x_1 \leqslant z} \{f_1(x_1) + f_2(z - x_1) + g_2(a_1 x_1 + a_2(z - x_1))\} \tag{6.4}$$

另一方面, 考虑问题 (P)(见第 6.2 节)

$$(\text{P}) \begin{cases} \max \ \{[f_1(x_1) + f_2(y_1)] + [f_1(x_2) + f_2(y_2)] \\ \qquad + [f_1(x_3) + f_2(y_3)]\} \\ y_1 = z - x_1, \quad 0 \leqslant x_1 \leqslant z \\ y_2 = z_2 - x_2, \quad 0 \leqslant x_2 \leqslant z_2 \\ y_3 = z_3 - x_3, \quad 0 \leqslant x_3 \leqslant z_3 \\ z_2 = a_1 x_1 + a_2 y_1 \\ z_3 = a_1 x_2 + a_2 y_2 \end{cases}$$

其中变量为 $x_1, y_1, x_2, y_2, z_2, x_3, y_3, z_3$. 设 (P) 的最优解为 $\bar{x}_1, \bar{y}_1, \bar{x}_2, \bar{y}_2, \bar{z}_2, \bar{x}_3, \bar{y}_3, \bar{z}_3$. 于是, 有

$$g_3(z) = [f_1(\bar{x}_1) + f_2(z - \bar{x}_1)] + [f_1(\bar{x}_2) + f_2(\bar{y}_2)] + [f_1(\bar{x}_3) + f_2(\bar{y}_3)] \tag{6.5}$$

然而

$[f_1(\bar{x}_2) + f_2(\bar{y}_2)] + [f_1(\bar{x}_3) + f_2(\bar{y}_3)] = $ 经过第 1 阶段的生产, 回收为 $a_1\bar{x}_1 + a_2(z - \bar{x}_1)$, 在第 2 阶段原料投入为 $(\bar{x}_2, \bar{y}_2)$, 在第 3 阶段原料投入为 $(\bar{x}_3, \bar{y}_3)$ 时, 余下两个阶段生产的收益,

并且

$g_2(a_1\bar{x}_1 + a_2(z - \bar{x}_1)) = $ 初始原料投入为 $a_1\bar{x}_1 + a_2(z - \bar{x}_1)$ 时厂商进行两个阶段生产, 每个阶段都采取最优策略时的最大收益.

因此有

$$[f_1(\bar{x}_2)+f_2(\bar{y}_2)]+[f_1(\bar{x}_3)+f_2(\bar{y}_3)] \leqslant g_2(a_1\bar{x}_1+a_2(z-(\bar{x}_1))) \quad (6.6)$$

由 (6.5),(6.6) 有 (注意, $0 \leqslant \bar{x}_1 \leqslant z$)

$$\begin{aligned}
g_3(z) &= [f_1(\bar{x}_1)+f_2(z-\bar{x}_1)]+[f_1(\bar{x}_2)+f_2(\bar{y}_2)]+[f_1(\bar{x}_3)+f_2(\bar{y}_3)] \\
&\leqslant [f_1(\bar{x}_1)+f_2(z-\bar{x}_1)]+g_2(a_1\bar{x}_1+a_2(z-(\bar{x}_1))) \\
&\leqslant \max_{0\leqslant x_1\leqslant z}\{f_1(x_1)+f_2(z-x_1)+g_2(a_1x_1+a_2(z-x_1))\}
\end{aligned}$$
$$(6.7)$$

由 (6.4) 和 (6.7)，有

$$g_3(z) = \max_{0 \leqslant x_1 \leqslant z} \{f_1(x_1) + f_2(z-x_1) + g_2(a_1 x_1 + a_2(z-x_1))\}$$

得证.

类似地可证明

$$g_2(z) = \max_{0 \leqslant x_2 \leqslant z} \{f_1(x_2) + f_2(z-x_2) + g_1(a_1 x_2 + a_2(z-x_2))\}$$

而下式是显然的

$$g_1(z) = \max_{0 \leqslant x_3 \leqslant z} \{f_1(x_3) + f_2(z-x_3)\}$$

证毕.

第 7 章

工厂如何制定生产计划

工厂利用两种原材料生产两种产品,已知两种产品的市场价格分别为

$c_1 =$ 第 1 种产品的价格 (单价)

$c_2 =$ 第 2 种产品的价格 (单价)

工厂用两种原料生产两种产品时,对原料的消耗为

$a_{11} =$ 生产一个单位的第 1 种产品,所需

第 1 种原料的数量

$a_{21} =$ 生产一个单位的第 1 种产品,所需

第 2 种原料的数量

$a_{12} =$ 生产一个单位的第 2 种产品,所需

第 1 种原料的数量

$a_{22} =$ 生产一个单位的第 2 种产品,所需

第 2 种原料的数量

其中 $a_{11} > 0, a_{21} > 0, a_{12} > 0, a_{22} > 0$. 记

$$A = \begin{pmatrix} a_{11} & a_{12} \\ a_{21} & a_{22} \end{pmatrix}$$

称矩阵 A 为"技术矩阵". 技术矩阵 A 反映了工厂的技术状态和水平.

我们的问题是: 当两种原料的数量分别为 b_1 和 b_2 时, 如何安排生产计划, 使得工厂的产值最大, 其中 $b_1 \geqslant 0, b_2 \geqslant 0$.

7.1 安排生产计划的优化模型

设

$$x_1 = 第 1 种产品的数量, \quad x_1 \geqslant 0$$

$$x_2 = 第 2 种产品的数量, \quad x_2 \geqslant 0$$

原料的限制为

$$a_{11}x_1 + a_{12}x_2 \leqslant b_1$$

$$a_{21}x_1 + a_{22}x_2 \leqslant b_2$$

我们的问题是在满足原材料限制的条件下使产值

$$c_1 x_1 + c_2 x_2$$

最大. 也就是, 求下面问题的最优解 (模型 (P) 为线性规划, 这是因为目标函数和约束函数都为线性函数)

$$(P)\begin{cases} \max\ (c_1x_1+c_2x_2) \\ a_{11}x_1+a_{12}x_2 \leqslant b_1 \\ a_{21}x_1+a_{22}x_2 \leqslant b_2 \\ x_1 \geqslant 0, x_2 \geqslant 0 \end{cases}$$

记 (P) 的约束集合为

$$R = \left\{(x_1,x_2) \left|\begin{array}{l} a_{11}x_1+a_{12}x_2 \leqslant b_1 \\ a_{21}x_1+a_{22}x_2 \leqslant b_2 \\ x_1 \geqslant 0, x_2 \geqslant 0 \end{array}\right.\right\}$$

(可知 R 为有界闭集, 问题 (P) 是在有界闭集上求 $c_1x_1+c_2x_2$ 最大值的问题, 因此, (P) 必存在最优解).

例 7.1 设工厂利用两种原材料生产两种产品. 已知两种产品的市场价格分别为

$$c_1 = 1, c_2 = 1$$

工厂的技术矩阵为

第 7 章 / 工厂如何制定生产计划

$$A = \begin{pmatrix} a_{11} & a_{12} \\ a_{21} & a_{22} \end{pmatrix} = \begin{pmatrix} 1 & 2 \\ 2 & 1 \end{pmatrix}$$

若工厂的两种原料数量分别为

$$b_1 = 6, \quad b_2 = 6$$

问如何组织生产,使产值最大. 此时线性规划 (P) 为

$$(\text{P}) \begin{cases} \max\ (x_1 + x_2) \\ x_1 + 2x_2 \leqslant 6 \\ 2x_1 + x_2 \leqslant 6 \\ x_1 \geqslant 0, x_2 \geqslant 0 \end{cases}$$

可以利用图解法求 (P) 的最优解. 首先画出直线

$$2x_1 + x_2 = 6$$

$$x_1 + 2x_2 = 6$$

由于 $x_1^0 = 0, x_2^0 = 0$ 使得

$$\begin{cases} 2x_1^0 + x_2^0 = 0 < 6 \\ x_1^0 + 2x_2^0 = 0 < 6 \end{cases}$$

因此满足

$$\begin{cases} 2x_1 + x_2 \leqslant 6 \\ x_1 + 2x_2 \leqslant 6 \end{cases}$$

的点 (x_1, x_2) 都在直线的左下方. 再由 $x_1 \geqslant 0, x_2 \geqslant 0$, 知约束集合 R 如图 7.1 所示, 其中

$$R = \left\{ (x_1, x_2) \,\middle|\, \begin{array}{l} 2x_1 + x_2 \leqslant 6 \\ x_1 + 2x_2 \leqslant 6 \\ x_1 \geqslant 0, x_2 \geqslant 0 \end{array} \right\}$$

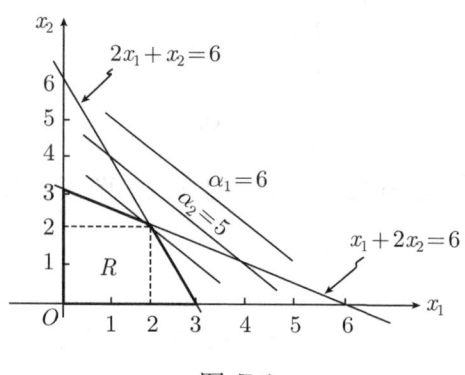

图 7.1

为画出目标函数 $x_1 + x_2$ 的等高线, 取 $\alpha_1 = 6$ 和 $\alpha_2 = 5$, 分别画出直线

$$x_1 + x_2 = \alpha_1 = 6$$
$$x_1 + x_2 = \alpha_2 = 5$$

由图 7.1 知 (P) 的最优解 $\bar{x}_1, \bar{x}_2$ 满足

$$\begin{cases} 2x_1 + x_2 = 6 \\ x_1 + 2x_2 = 6 \end{cases}$$

可知
$$\bar{x}_1 = \bar{x}_2 = 2$$

最大产值 $\bar{x}_1 + \bar{x}_2 = 4.$

7.2 厂商的生产函数

在技术水平不变 (即 $a_{11}, a_{12}, a_{21}, a_{22}$ 给定) 和两种产品的市场价格不变 (即 c_1, c_2 给定) 时,厂商追求最大产值组织生产的生产安排问题 (P) 为

$$(P)\begin{cases} \max\ (c_1x_1 + c_2x_2) \\ a_{11}x_1 + a_{12}x_2 \leqslant b_1 \\ a_{21}x_1 + a_{22}x_2 \leqslant b_2 \\ x_1 \geqslant 0, x_2 \geqslant 0 \end{cases}$$

其中,b_1 和 b_2 为厂商用于组织生产的两种原材料的数量,$b_1 \geqslant 0, b_2 \geqslant 0.$

现在将两种原材料的数量 b_1, b_2 当作参数. 那么, 对于一组 b_1, b_2 的值 $(b_1 \geqslant 0, b_2 \geqslant 0)$, 利用 (P) 可以求得最大值. 也就是说, (P) 的最大值随着 b_1, b_2 的不同取值而变化. 因此可以将 (P) 的最大值看成是 b_1, b_2 的函数, 记为

$$f(b_1, b_2)$$

$f(b_1, b_2)$ 为工厂的生产函数, 它的定义域为

$$\Omega = \{(b_1, b_2) \mid b_1 \geqslant 0, b_2 \geqslant 0\}$$

于是, 可以写为

$$(\text{P}_b) \begin{cases} \max\ (c_1 x_1 + c_2 x_2) = f(b_1, b_2) \\ a_{11} x_1 + a_{12} x_2 \leqslant b_1 \\ a_{21} x_1 + a_{22} x_2 \leqslant b_2 \\ x_1 \geqslant 0, \quad x_2 \geqslant 0 \end{cases}$$

记 (P_b) 的约束集合为

$$R_b = \left\{ (x_1, x_2) \ \middle| \ \begin{array}{l} a_{11} x_1 + a_{12} x_2 \leqslant b_1 \\ a_{21} x_1 + a_{22} x_2 \leqslant b_2 \\ x_1 \geqslant 0, x_2 \geqslant 0 \end{array} \right\}$$

由 (P_b) 定义的生产函数 $f(b_1,b_2),(b_1,b_2)\in\Omega$, 具有如下性质:

性质 7.1 对任意 $(b_1,b_2)\in\Omega$, 都有
$$f(b_1,b_2)\geqslant 0$$

实际上, 由 $c_1x_1+c_2x_2\geqslant 0$ 得到.

性质 7.2 若 $b_1=0$ 或 $b_2=0$, 则 $f(b_1,b_2)=0$

实际上, 因为 $a_{11}>0, a_{12}>0, x_1\geqslant 0, x_2\geqslant 0$, 因此, 当 $b_1=0$ 时, 有
$$0\leqslant a_{11}x_1+a_{12}x_2\leqslant b_1=0$$

由此得到
$$a_{11}\ x_1=0,\quad a_{12}\ x_2=0$$

于是
$$x_1=0,\quad x_2=0$$

即 (P_b) 的约束集合 $R_b=\{(0,0)\}$, 故
$$f(b_1,b_2)=0$$

当 $b_2=0$ 时, 类似地可以得到 $f(b_1,b_2)=0$.

性质 7.3 $f(b_1,b_2)$ 为单调增函数, 即若 $b_1'\leqslant b_1$, $b_2'\leqslant b_2$, 则有
$$f(b_1',b_2')\leqslant f(b_1,b_2)$$

实际上, 由

$$\left\{(x_1,x_2) \middle| \begin{array}{l} a_{11}x_1+a_{12}x_2 \leqslant b_1' \\ a_{21}x_1+a_{22}x_2 \leqslant b_2' \\ x_1 \geqslant 0, x_2 \geqslant 0 \end{array}\right\} \subset \left\{(x_1,x_2) \middle| \begin{array}{l} a_{11}x_1+a_{12}x_2 \leqslant b_1 \\ a_{21}x_1+a_{22}x_2 \leqslant b_2 \\ x_1 \geqslant 0, x_2 \geqslant 0 \end{array}\right\}$$

得到

$$f(b_1', b_2') \leqslant f(b_1, b_2)$$

性质 7.4 $f(b_1, b_2)$ 为定义在 Ω 上的凹函数. (证明见参考文献 [1]).

由性质 7.1~ 性质 7.4 可以看出, $f(b_1, b_2)$ 满足生产函数的基本性质 (见 1.2 节).

例 7.2 仍然取例 7.1 中, 厂商组织生产的数例. 其中工厂的技术矩阵为

$$\boldsymbol{A} = \begin{pmatrix} a_{11} & a_{12} \\ a_{21} & a_{22} \end{pmatrix} = \begin{pmatrix} 1 & 2 \\ 2 & 1 \end{pmatrix}$$

两种产品的市场价格分别为

$$c_1 = 1, \quad c_2 = 1$$

厂商利用两种原材料 b_1 和 b_2 组织生产安排的问题 (P_b) 为

$$(\mathrm{P}_b)\begin{cases} \max\ (x_1+x_2)=f(b_1,b_2) \\ x_1+2x_2\leqslant b_1 \\ 2x_1+x_2\leqslant b_2 \\ x_1\geqslant 0, x_2\geqslant 0 \end{cases}$$

分四种情况, 求生产函数 $f(b_1,b_2)$ 的表示式 (公式).

情况 (i) 当 $b_1=0$, 或 $b_2=0$. 则由性质 7.1, 知 $f(b_1,b_2)=0$(图 7.2).

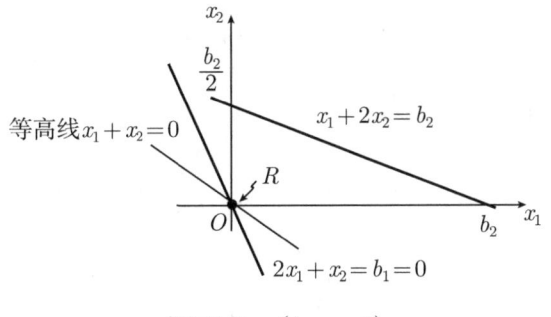

图 7.2 $(b_1=0)$

为了讨论以下的情况 (ii)~(iv), 考虑线性方程组

$$\begin{cases} 2x_1+x_2=b_1 \\ x_1+2x_2=b_2 \end{cases}$$

其中 $b_1>0, b_2>0$. 不难看出, 上述方程组具有唯一解 (即两条直线的交点)

$$x_1^0 = \frac{1}{3}(2b_1 - b_2)$$

$$x_2^0 = \frac{1}{3}(-b_1 + 2b_2)$$

情况 (ii) 当 $2b_2 > b_1 > \dfrac{b_2}{2} > 0$ 时, 有

$$x_1^0 = \frac{1}{3}(2b_1 - b_2) > 0$$

$$x_2^0 = \frac{1}{3}(-b_1 + 2b_2) > 0$$

见图 7.3. 可知 (P) 的最优解

$$\bar{x}_1 = x_1^0, \quad \bar{x}_2 = x_2^0$$

因此 (P) 的最优值为

$$f(b_1, b_2) = \bar{x}_1 + \bar{x}_2 = \frac{1}{3}(b_1 + b_2)$$

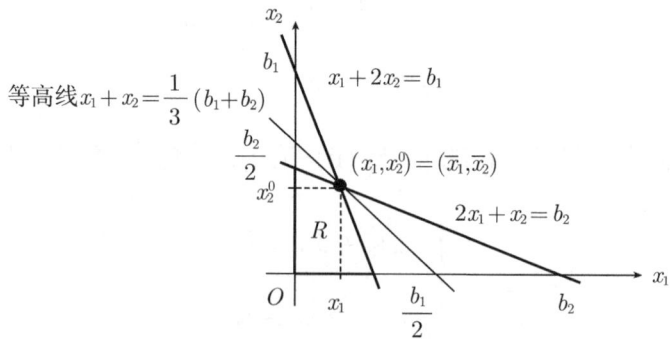

图 7.3

情况 (iii) 若 $b_1 \geqslant 2b_2 > 0$ 时, 有

$$x_1^0 = \frac{1}{3}(2b_1 - b_2) > 0$$

$$x_2^0 = \frac{1}{3}(-b_1 + 2b_2) \leqslant 0$$

即有图 7.4(此图为 $x_2^0 < 0$ 的情况). 此时, 由

$$x_1 + 2x_2 \leqslant b_2, \quad x_2 \geqslant 0, \quad 2b_2 \leqslant b_1$$

得到

$$2x_1 + x_2 \leqslant 2(x_1 + 2x_2) \leqslant 2b_2 \leqslant b_1$$

知

$$\{(x_1, x_2) | x_1 + 2x_2 \leqslant b_2, x_1 \geqslant 0, x_2 \geqslant 0\}$$
$$\subset \{(x_1, x_2) | 2x_1 + x_2 \leqslant b_1, x_1 \geqslant 0, x_2 \geqslant 0\}$$

于是有

$$R_b = \{(x_1, x_2) | x_1 + 2x_2 \leqslant b_2, x_1 \geqslant 0, x_2 \geqslant 0\}$$

因此, (P) 的最优解 (图 7.4)

$$\bar{x}_1 = b_2, \quad \bar{x}_2 = 0$$

(P) 的最优值

$$f(b_1, b_2) = \bar{x}_1 + \bar{x}_2 = b_2$$

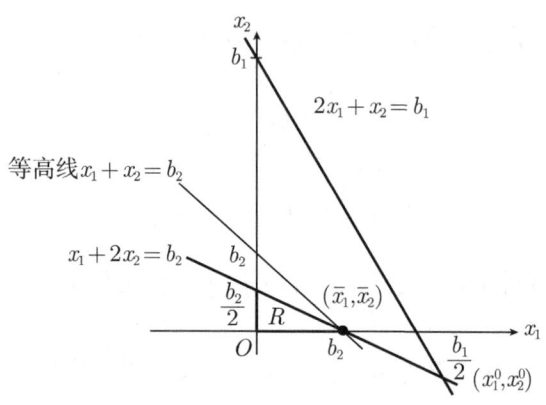

图 7.4

情况 (iv)   若 $\frac{1}{2}b_2 \geqslant b_1 > 0$ 时, 有

$$x_1^0 = \frac{1}{3}(2b_1 - b_2) \leqslant 0$$

$$x_2^0 = \frac{1}{3}(-b_1 + 2b_2) > 0$$

即有图 7.5(此图为 $x_1^0 < 0$ 的情况). 由

$$2x_1 + x_2 \leqslant b_1, \quad x_2 \geqslant 0, \quad b_1 \leqslant \frac{1}{2}b_2$$

得到

$$x_1 + 2x_2 \leqslant 2(2x_1 + x_2) \leqslant 2b_1 \leqslant b_2$$

知

$$\{(x_1, x_2) | 2x_1 + x_2 \leqslant b_1, x_1 \geqslant 0, x_2 \geqslant 0\}$$
$$\subset \{(x_1, x_2) | x_1 + 2x_2 \leqslant b_2, x_1 \geqslant 0, x_2 \geqslant 0\}$$

于是有
$$R_b = \{(x_1, x_2) | 2x_1 + x_2 \leqslant b_1, x_1 \geqslant 0, x_2 \geqslant 0\}$$
因此, (P) 的最优解 (图 7.5)
$$\bar{x}_1 = 0, \quad \bar{x}_2 = b_1$$
(P) 的最优值
$$f(b_1, b_2) = \bar{x}_1 + \bar{x}_2 = b_1$$
综合 (i)~(iv), 有
$$f(b_1, b_2) = \begin{cases} 0, & b_1 = 0 \text{ 或 } b_2 = 0 \\ \dfrac{1}{3}(b_1 + b_2), & 2b_2 \geqslant b_1 \geqslant \dfrac{b_2}{2} > 0 \\ b_2, & b_1 \geqslant 2b_2 > 0 \\ b_1, & \dfrac{b_2}{2} \geqslant b_1 > 0 \end{cases}$$

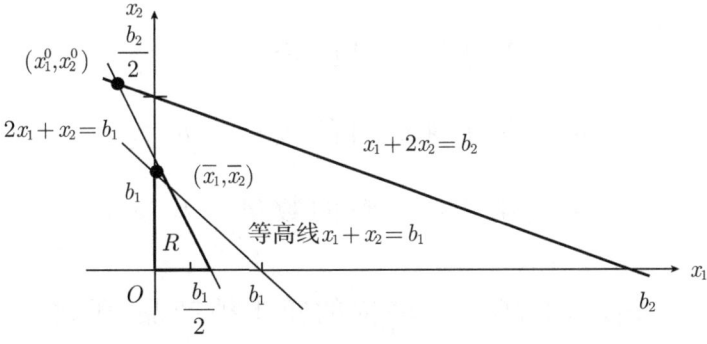

图 7.5

*7.3 对偶规划模型及其性质

由 7.1 节, 厂商追求最大产值, 组织生产的生产安排问题 (P) 为

$$(P)\begin{cases} \max\ (c_1x_1+c_2x_2) \\ a_{11}x_1+a_{12}x_2 \leqslant b_1 \\ a_{21}x_1+a_{22}x_2 \leqslant b_2 \\ x_1 \geqslant 0, x_2 \geqslant 0 \end{cases}$$

其中 (x_1 和 x_2 为变量)

$x_1 =$ 第 1 种产品的数量, $x_1 \geqslant 0$

$x_2 =$ 第 2 种产品的数量, $x_2 \geqslant 0$

$c_1 =$ 第 1 种产品的价格 (单价)

$c_2 =$ 第 2 种产品的价格 (单价)

$b_1 =$ 第 1 种原料的数量, $b_1 \geqslant 0$

$b_2 =$ 第 2 种原料的数量, $b_2 \geqslant 0$

$a_{11} =$ 生产一个单位的第 1 种产品, 所需

第 1 种原料的数量

$a_{21}=$ 生产一个单位的第 1 种产品，所需第 2 种原料的数量

$a_{12}=$ 生产一个单位的第 2 种产品，所需第 1 种原料的数量

$a_{22}=$ 生产一个单位的第 2 种产品，所需第 2 种原料的数量

问题 (P) 是一个线性规划. 为了进一步研究它, 需要建立一个与它对应的、被称为"对偶规划"的线性规划 (D), 并且需引进经济学中机会成本的概念. 设

$u_1 =$ 第 1 种原料的价格, $\quad u_1 \geqslant 0$

$u_2 =$ 第 2 种原料的价格, $\quad u_2 \geqslant 0$

这里的价格并不是原料的市场价格, 是厂商对原料的一种内部定价, 用它来分析企业内部的运作.

"机会成本"是经济学中的一个抽象概念. 例如, 生产某种产品时 (如生产第 1 种产品), 应该如何评估该种产品的成本呢？用通俗的话说, 就是评估一下它到底值多少钱. 它所值的钱应该是：将生产该种产品所需的那

些原料(对第1种产品而言,是 a_{11}, a_{21})用于生产所有可能的产品时(这里是指生产第2种产品,当然,也包括生产第1种产品本身的市场价格 c_1),所能获得的最大值.可见,这种产品的机会成本是工厂自身对该产品的内部定价.

当我们用 u_1 表示对第1种原料的内部定价,用 u_2 表示对第2种原料的内部定价时,则有

$$u_1 a_{11} + u_2 a_{21} = 生产一个单位的第1种产品的机会成本$$

$$u_1 a_{12} + u_2 a_{22} = 生产一个单位的第2种产品的机会成本$$

因为 c_1 为第1种产品的市场价格(单价),而 $u_1 a_{11} + u_2 a_{21}$ 是生产单位数量的第1种产品的机会成本,所以 $u_1 a_{11} + u_2 a_{21}$ 应该不小于 c_1 即(因为 c_1 是生产单位第1种产品的市场价格)

$$u_1 a_{11} + u_2 a_{21} \geqslant c_1$$

类似地,对第2种产品,也有

$$u_1 a_{12} + u_2 a_{22} \geqslant c_2$$

因为 u_1, u_2 是价格,故有

$$u_1 \geqslant 0, \quad u_2 \geqslant 0$$

此外，按 u_1, u_2 定价，厂商拥有原料 b_1 和 b_2 时，两种原料的机会成本为

$$u_1 b_1 + u_2 b_2$$

于是，在满足下面的约束条件

$$\begin{cases} u_1 a_{11} + u_2 a_{21} \geqslant c_1 \\ u_1 a_{12} + u_2 a_{22} \geqslant c_2 \\ u_1 \geqslant 0, \quad u_2 \geqslant 0 \end{cases}$$

前提下，求机会成本 $u_1 b_1 + u_2 b_2$ 的最小值，即对偶规划

$$(\text{D}) \begin{cases} \min\ (u_1 b_1 + u_2 b_2) \\ u_1 a_{11} + u_2 a_{21} \geqslant c_1 \\ u_1 a_{12} + u_2 a_{22} \geqslant c_2 \\ u_1 \geqslant 0, u_2 \geqslant 0 \end{cases}$$

可以看出：对偶规划 (D) 表示在两种原料的机会成本大于或等于产品的市场价格的前提下，求企业内部对两种原料的定价 $\bar{u}_1, \bar{u}_2$，使得当原料投入量分别为 b_1 和 b_2 时，两种原料的机会成本取得最小值 $\bar{u}_1 b_1 + \bar{u}_2 b_2$. 为方便，称 $\bar{u}_1 b_1 + \bar{u}_2 b_2$ 为最小机会成本.

由线性规划的对偶理论, 可知当 (P) 的最优解为 $\bar{x}_1, \bar{x}_2$, (D) 的最优解为 $\bar{u}_1, \bar{u}_2$ 时, 则有 (见参考文献 [1],[2])

$$c_1\bar{x}_1 + c_2\bar{x} = \bar{u}_1 b_1 + \bar{u}_2 b_2$$

上式表明: 厂商最佳生产安排所获的最大产值 $c_1\bar{x}_1 + c_2\bar{x}_2$ 与最小机会成本 $\bar{u}_1 b_1 + \bar{u}_2 b_2$ 相等. 于是有

$$(D)\begin{cases} \min\ (u_1 b_1 + u_2 b_2) = \bar{u}_1 b_1 + \bar{u}_2 b_2 = f(b_1, b_2) \\ u_1 a_{11} + u_2 a_{21} \geqslant c_1 \\ u_2 a_{12} + u_2 a_{22} \geqslant c_2 \\ u_1 \geqslant 0, \quad u_2 \geqslant 0 \end{cases}$$

由此可得到厂商的边际产出 (见 1.2 节)

$$\frac{\partial f(b_1, b_2)}{\partial b_1} = \frac{\partial}{\partial b_1}(\bar{u}_1 b_1 + \bar{u}_2 b_2) = \bar{u}_1 \geqslant 0 \qquad (7.1)$$

$$\frac{\partial f(b_1, b_2)}{\partial b_2} = \frac{\partial}{\partial b_2}(\bar{u}_1 b_1 + \bar{u}_2 b_2) = \bar{u}_2 \geqslant 0 \qquad (7.2)$$

称 $\bar{u}_1, \bar{u}_2$ 分别为两种材料的 "影子价格".

因为影子价格是边际产出. 工厂可以利用影子价格对工厂的扩大生产 (增加原料生产) 进行经济分析. 例如, 如果 $\bar{u}_1$ 大于第 1 种原料的市场价格 (原料在市场上的售价), 那么购进第 1 种原料来扩大生产会增加工厂的利润; 反之, 如果 $\bar{u}_1$ 小于第 1 种原料的市场价格, 那么购进第 1 种原料来扩大生产将是不利的.

例 7.3 仍以例 7.1 为例. 设厂商利用两种原料生产两种产品. 已知两种产品的市场价格分别为

$$c_1 = 1, \quad c_2 = 1$$

技术矩阵为

$$\boldsymbol{A} = \begin{pmatrix} a_{11} & a_{12} \\ a_{21} & a_{22} \end{pmatrix} = \begin{pmatrix} 1 & 2 \\ 2 & 1 \end{pmatrix}$$

厂商拥有两种原材料的数量分别为

$$b_1 = 6, \quad b_2 = 6$$

此时 (P) 和 (D) 分别为

$$(\text{P}) \begin{cases} \max\ (x_1 + x_2) \\ x_1 + 2x_2 \leqslant 6 \\ 2x_1 + x_2 \leqslant 6 \\ x_1 \geqslant 0, x_2 \geqslant 0 \end{cases}$$

$$(D) \begin{cases} \min\ (6u_1 + 6u_2) \\ u_1 + 2u_2 \geqslant 1 \\ 2u_1 + u_2 \geqslant 1 \\ u_1 \geqslant 0, \quad u_2 \geqslant 0 \end{cases}$$

由例 7.1 知厂商使产值最大时的最优生产安排为

$$\bar{x}_1 = 2, \quad \bar{x}_2 = 2$$

厂商所获最大产值

$$f(6,6) = 4$$

考虑对偶问题 (D), 由图 7.6 知 (D) 的最优解为

$$\bar{u}_1 = \frac{1}{3}, \quad \bar{u}_2 = \frac{1}{3}$$

最大产值为

$$f(b_1, b_2) = \bar{u}_1 b_1 + \bar{u}_2 b_2 = 6\bar{u}_1 + 6\bar{u}_2 = 4$$

由 (7.1) 和 (7.2) 有

$$\frac{\partial f(b_1, b_2)}{\partial b_1} = \bar{u}_1 = \frac{1}{3}$$

$$\frac{\partial f(b_1, b_2)}{\partial b_2} = \bar{u}_2 = \frac{1}{3}$$

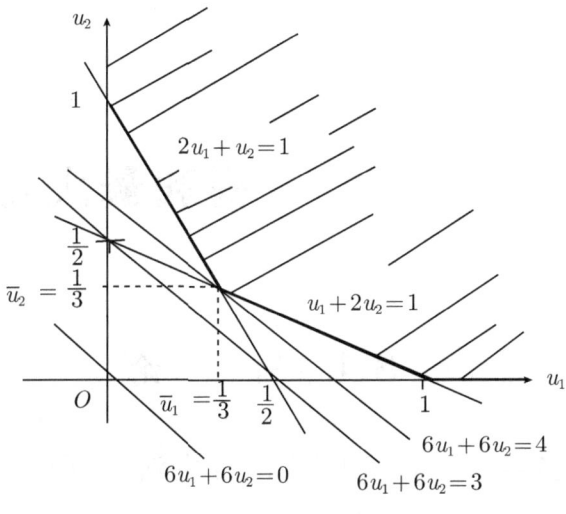

图 7.6

第 8 章

福利最大化模式

8.1 引论

在很多经济、管理以及日常生活中,衡量一个方案(或决策)好与坏的标准往往不只一个,也就是说,问题本身很难用一个目标来衡量. 然而, 这些目标彼此之间又往往是不相协调的, 甚至是相互矛盾的. 例如, 对篮球运动员的选拔,"身高"和"灵活性"是两个最基本的标准. 通常是: 身高的人, 不够灵活; 身体灵活的人, 身材又往往不够高. 又如, 工资总额分配给两个"福利集团"(可以理解为企业"高管"和"一般员工"), 每个福利集团分得的工资总数为目标函数. 问两个福利集团工资分配比例为多少, 能使每个福利集团都满意 (满足程度——效用函数越大越好).

例 8.1 用 450 元采购两种糖果, 甲种糖果每斤 15 元, 乙种糖果每斤 10 元. 一种意见是: 希望两种糖果的总斤数最多;另一种意见是:采购两种糖果的钱数最少.

设

$x_1 =$ 采购甲种糖果的数量(斤)

$x_2 =$ 采购乙种糖果的数量(斤)

我们的目标函数有两个:

$$f_1(x_1, x_2) = 糖果总斤数 = x_1 + x_2 \to \max$$

$$f_2(x_1, x_2) = 花钱总和 = 15x_1 + 10x_2 \to \min$$

约束条件为

$$15x_1 + 10x_2 \leqslant 450$$

$$x_1 \geqslant 0, \quad x_2 \geqslant 0$$

化为多目标规划(标准形式)为

$$(\text{VP}) \begin{cases} \text{V}-\max\ (x_1 + x_2, -(15x_1 + 10x_2)) \\ 15x_1 + 10x_2 \leqslant 450 \\ x_1 \geqslant 0, \quad x_2 \geqslant 0 \end{cases}$$

其中"V–max"表示向量求最大,即求

$$f_1(x_1, x_2) = x_1 + x_2 \to \max$$

$$f_2(x_1, x_2) = -(15x_1 + 10x_2) \to \max$$

8.2 多目标数学规划的 Pareto 最优解

为了简单,考虑具有两个变量和两个目标,m 个约束的多目标规划问题

$$(\text{VP})\begin{cases} \text{V}-\max\ (f_1(x_1,x_2), f_2(x_1,x_2)) \\ g_i(x_1,x_2) \leqslant 0, \quad i=1,\cdots,m \\ x_1 \geqslant 0, \quad x_2 \geqslant 0 \end{cases}$$

记 (VP) 的约束集合为

$$R = \left\{ (x_1, x_2) \left| \begin{array}{l} g_i(x_1,x_2) \leqslant 0, i=1,\cdots,m \\ x_1 \geqslant 0, \quad x_2 \geqslant 0 \end{array} \right. \right\}$$

对于多目标规划问题 (VP),首先需要弄清楚什么叫"最优",或者说,怎么将单目标 (即前几节中的数学规划) 的最优解的概念加以推广. 它的主要困难是: 任意两个方案 $(x_1^0, x_2^0) \in R, (\hat{x}_1, \hat{x}_2) \in R$,比较它们的好坏,需要比较向量的大小:

$$(f_1(x_1^0, x_2^0), f_2(x_1^0, x_2^0))$$

$$(f_1(\hat{x}_1, \hat{x}_2), f_2(\hat{x}_1, \hat{x}_2))$$

两个向量比较大小,往往是不可能的,例如,若

$$(f_1(x_1^0, x_2^0), f_2(x_1^0, x_2^0)) = (2, 1)$$

$$(f_1(\hat{x}_1,\hat{x}_2), f_2(\hat{x}_1,\hat{x}_2)) = (1,2)$$

此时, 虽然有
$$f_1(x_1^0, x_2^0) > f_1(\hat{x}_1, \hat{x}_2)$$

但却有
$$f_2(x_1^0, x_2^0) < f_2(\hat{x}_1, \hat{x}_2)$$

出于多目标问题的特殊性, 需要给出"最优性"的定义. 考虑 $(\bar{x}_1, \bar{x}_2) \in R$. 若存在 $(x_1^0, x_2^0) \in R$, 有

$$f_1(x_1^0, x_2^0) > f_1(\bar{x}_1, \bar{x}_2)$$

$$f_2(x_1^0, x_2^0) \geqslant f_2(\bar{x}_1, \bar{x}_2)$$

或者

$$f_1(x_1^0, x_2^0) \geqslant f_1(\bar{x}_1, \bar{x}_2)$$

$$f_2(x_1^0, x_2^0) > f_2(\bar{x}_1, \bar{x}_2)$$

知方案 (x_1^0, x_2^0) 比方案 $(\bar{x}_1, \bar{x}_2)$ 好. 我们称方案 $(\bar{x}_1, \bar{x}_2)$ 存在 Pareto 改进, 如果方案 $(\bar{x}_1, \bar{x}_2)$ 不存在 Pareto 改进, 称 $(\bar{x}_1, \bar{x}_2)$ 为多目标规划 (VP) 的 Pareto 解. 有如下定义.

定义 8.1 设 $(\bar{x}_1, \bar{x}_2) \in R$, 若不存在 $(x_1, x_2) \in R$, 有

$$f_1(x_1, x_2) > f_1(\bar{x}_1, \bar{x}_2)$$

$$f_2(x_1, x_2) \geqslant f_2(\bar{x}_1, \bar{x}_2)$$

或者

$$f_1(x_1, x_2) \geqslant f_1(\bar{x}_1, \bar{x}_2)$$

$$f_2(x_1, x_2) > f_2(\bar{x}_1, \bar{x}_2)$$

称 $\bar{x}_1, \bar{x}_2$ 为 (VP) 的 Pareto 解.

对于含有一个变量和多于两个变量的多目标规划的 Pareto 解的定义与定义 8.1 雷同, 不需再述.

例 8.2 考虑多目标规划 (VP), 其中变量 x_1 和 x_2 没有非负限制, 即 $(x_1, x_2) \in E^2$, 并且两个目标函数分别为

$$f_1(x_1, x_2) = -[(x_1 - 1)^2 + (x_2 - 1)^2]$$

$$f_2(x_1, x_2) = -[(x_1 + 1)^2 + (x_2 + 1)^2]$$

图 8.1 中, $f_1(x_1, x_2)$ 的等高线中, $0 > C_1 > C_2 > C_3$, $f_2(x_1, x_2)$ 的等高线中, $0 > \bar{C}_1 > \bar{C}_2 > \bar{C}_3$.

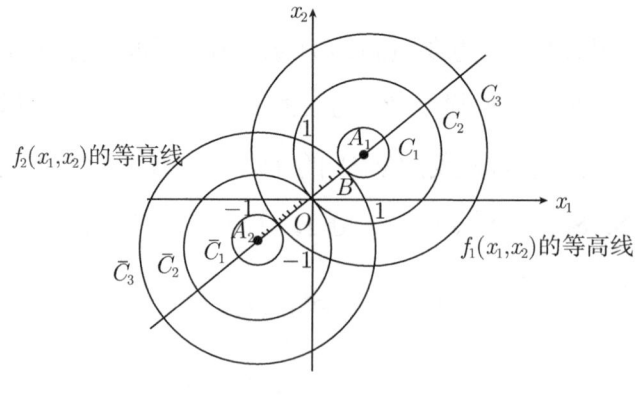

图 8.1

图 8.1 中 A_1 的坐标为 $(1,1)$, A_2 的坐标为 $(-1,-1)$. B 为连接 A_1 和 A_2 的线段 A_1A_2 上的任意一点. 设 B 点的坐标为 $(\bar{x}_1, \bar{x}_2)$. 点 $(\bar{x}_1, \bar{x}_2)$ 为圆 (记为圆 1)

$$(x_1-1)^2+(x_2-1)^2=-\bar{C}_1$$

与圆 (记为圆 2)

$$(x_1+1)^2+(x_2+1)^2=-\bar{C}_3$$

的切点. 由图 8.1 可知, 若 (x_1^0, x_2^0) 满足

$$f_1(x_1^0, x_2^0) > f_1(\bar{x}_1, \bar{x}_2)$$

即 (x_1^0, x_2^0) 在圆 1 的内部. 由图 8.1 可知 (x_1^0, x_2^0) 必在圆 2 的外部, 即有

$$f_2(x_1^0, x_2^0) < f_1(\bar{x}_1, \bar{x}_2).$$

也就是说: 使得函数值比 $f_1(\bar{x}_1, \bar{x}_2)$ 大的 (x_1^0, x_2^0), 必使 $f_2(x_1^0, x_2^0)$ 比 $f_2(\bar{x}_1, \bar{x}_2)$ 小.

类似地, 可知: 使得函数值比 $f_2(\bar{x}_1, \bar{x}_2)$ 大的 $(\hat{x}_1, \hat{x}_2)$, 必使 $f_1(\hat{x}_1, \hat{x}_2)$ 比 $f_1(\bar{x}_1, \bar{x}_2)$ 小. 因此 $(\bar{x}_1, \bar{x}_2)$ 为 (VP) 的 Pareto 最优解. 图 8.1 中, 线段 A_1A_2 上的任意一点都为 (VP) 的 Pareto 最优解.

8.3 多目标规划的线性加权和方法

考虑多目标规划问题

$$(\text{VP}) \begin{cases} \text{V} - \max\ (f_1(x_1, x_2), f_2(x_1, x_2)) \\ (x_1, x_2) \in R \end{cases}$$

其中

$$R = \left\{ (x_1, x_2) \middle| \begin{array}{l} g_i(x_1, x_2) \leqslant 0, \quad i = 1, \cdots, m \\ x_1 \geqslant 0, \quad x_2 \geqslant 0 \end{array} \right\}$$

对目标函数 $f_1(x_1, x_2)$ 和 $f_2(x_1, x_2)$ 给出一组表示两个目标之间重要性的权系数 α_1, α,其中 α_1, α_2 满足

$$\alpha_1 + \alpha_2 = 1, \quad \alpha_1 > 0, \alpha_2 > 0$$

例如,$\alpha_1 > \alpha_2 > 0$,表示目标函数 $f_1(x_1, x_2)$ 比 $f_2(x_1, x_2)$ 重要,其比值 $\alpha_1 : \alpha_2$ 表示目标 $f_1(x_1, x_2)$ 比目标 $f_2(x_1, x_2)$ 重要的程度.

线性加权和问题的目标函数为

$$\alpha_1 f_1(x_1, x_2) + \alpha_2 f_2(x_1, x_2)$$

于是, 得到**线性加权和问题**(单目标)

$$(\mathrm{P}_\alpha) \begin{cases} \max\ [\alpha_1 f_1(x_1,x_2) + \alpha_2 f_2(x_1,x_2)] \\ (x_1,x_2) \in R \end{cases}$$

有如下定理, 证明见 8.5 节.

定理 8.1 设 $\alpha_1 + \alpha_2 = 1, \alpha_1 > 0, \alpha_2 > 0$, 若 $\bar{x}_1, \bar{x}_2$ 为线性加权和问题 (P_α) 的最优解, 则 $(\bar{x}_1, \bar{x}_2)$ 为多目标规划 (VP) 的 Pareto 最优解.

例 8.3 考虑例 8.2 中的多目标规划 (VP), 其中 $(x_1,x_2) \in E^2$, 并且

$$f_1(x_1,x_2) = -[(x_1-1)^2 + (x_2-1)^2]$$

$$f_2(x_1,x_2) = -[(x_1+1)^2 + (x_2+1)^2]$$

现在用线性加权和法求解多目标规划

$$(\mathrm{VP}) \begin{cases} \mathrm{V-max}\ (-[(x_1-1)^2+(x_2-1)^2], -[(x_1+1)^2+(x_2+1)^2]) \\ (x_1,x_2) \in E^2 \end{cases}$$

令 $\alpha_1 + \alpha_2 = 1, \alpha_1 > 0, \alpha_2 > 0$. 此时线性加权和问题为

$$(\mathrm{P}_\alpha) \begin{cases} \max\ -[\alpha_1((x_1-1)^2+(x_2-1)^2) + \alpha_2((x_1+1)^2+(x_2+1)^2)] \\ (x_1,x_2) \in E^2 \end{cases}$$

设 $\bar{x}_1, \bar{x}_2$ 为 (P_α) 的最优解，则 $\bar{x}_1, \bar{x}_2$ 满足下面两式：

$$\frac{\partial[-\alpha_1((x_1-1)^2+(x_2-1)^2)-\alpha_2((x_1+1)^2+(x_2+1)^2)]}{\partial x_1}$$

$$= -2\alpha_1(x_1-1) - 2\alpha_2(x_1+1)$$

$$= -2(x_1 - \alpha_1 + \alpha_2)$$

$$= 0 \tag{8.1}$$

$$\frac{\partial[-\alpha_1((x_1-1)^2+(x_2-1)^2)-\alpha_2((x_1+1)^2+(x_2+1)^2)]}{\partial x_2}$$

$$= -2\alpha_1(x_2-1) - 2\alpha_2(x_2+1)$$

$$= -2(x_2 - \alpha_1 + \alpha_2)$$

$$= 0 \tag{8.2}$$

由式 (8.1) 和式 (8.2)，知 (P_α) 的最优解为

$$\bar{x}_1 = \bar{x}_2 = \alpha_1 - \alpha_2 = 2\alpha_1 - 1, \quad \alpha_1 \in (0,1)$$

由定理 8.1，知当 $\alpha_1 \in (0,1)$ 时

$$(\bar{x}_1, \bar{x}_2) = (2\alpha_1 - 1, 2\alpha_1 - 1)$$

为 (VP) 的 Pareto 最优解，此即图 8.1 中的线段 A_1A_2(因为，

$\bar{x}_1 = \bar{x}_2 = 2\alpha_1 - 1$, 并且, 当 $\alpha_1 = 0$ 时, $(\bar{x}_1, \bar{x}_2) = (-1, -1)$, 即点 A_2; 当 $\alpha_1 = 1$ 时, $(\bar{x}_1, \bar{x}_2) = (1, 1)$, 即点 A_1).

8.4 福利最大化与多目标规划

　　福利经济学是经济学的一个重要分支, 它是研究经济社会的资源配置与社会成员福利之间的关系. Pareto 最优的概念最早出现在经济学中, 是意大利经济学家 V.Pareto 首先提出来的. Pareto 最优是评价有效性的一个公认的标准.

　　假设有两个社会成员, 称为"社会经济人"(也称为"社会福利集团"). 每个社会经济人都有一个表明其满足程度的效用函数(其数值越大, 表示满足程度越高). 设

$$u_1(x_1, x_2) = 第一个社会经济人的效用函数$$

$$u_2(x_1, x_2) = 第二个社会经济人的效用函数$$

其中 $(x_1, x_2) \in R$, 称约束集合 R 为政策集; (x_1, x_2) 称为一种政策(可以理解为一种资源配置状态). 设 $(\bar{x}_1, \bar{x}_2) \in R$. 若存在 $(x_1^0, x_2^0) \in R$, 有

$$U_1(x_1^0, x_2^0) > U_1(\bar{x}_1, \bar{x}_2)$$

$$U_2(x_1^0, x_2^0) \geqslant U_2(\bar{x}_1, \bar{x}_2)$$

或者

$$U_1(x_1^0, x_2^0) \geqslant U_1(\bar{x}_1, \bar{x}_2)$$

$$U_2(x_1^0, x_2^0) > U_2(\bar{x}_1, \bar{x}_2)$$

即政策 (x_1^0, x_2^0) 在"利己不可损人"的约定下,可将原政策 $(\bar{x}_1, \bar{x}_2)$ 改进,即多目标规划中的 Pareto 改进.

例 8.4 企业最优工资比例分配问题.

某企业的工资分配涉及两个福利集团:一般员工和高管. 设分配比例为 x_1 和 x_2. 一般员工和高管的效用函数分别为

$$U_1(x_1, x_2) = x_1$$

$$U_2(x_1, x_2) = x_2(1 - x_2)$$

政策集为

$$R = \{(x_1, x_2) | x_1 + x_2 = 1, x_1 \geqslant 0, x_2 \geqslant 0\}$$

这里的效用函数 $U_1(x_1, x_2), U_2(x_1, x_2)$ 表示董事会对两类员工获得工资比例分别为 x_1 和 x_2 时的认可程度,其中

$$U_1(x_1) = x_1, \quad 0 \leqslant x_1 \leqslant 1$$

表明董事会认为一般员工工资所占份额(比例),越大越好(图 8.2)

$$U_2(x_2) = x_2(1-x_2), \quad 0 \leqslant x_2 \leqslant 1$$

表明董事会认为高管工资所占份额(比例),按有关规定,太高或太低都不好(图 8.3).

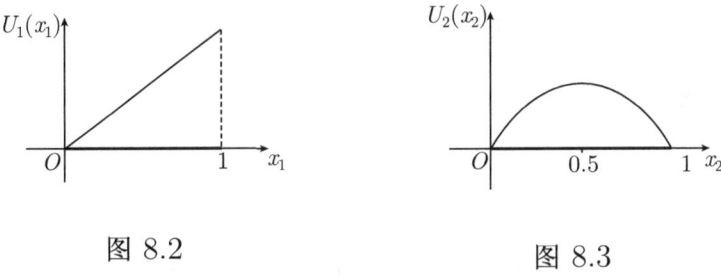

图 8.2 图 8.3

现在,用多目标数学规划的语言来描述. 令

$$f_1(x_1, x_2) = U_1(x_1) = x_1$$

$$f_2(x_1, x_2) = U_2(x_2) = x_2(1-x_2)$$

约束集(政策集)R,见图 8.4. 则有

$$(\text{VP}) \begin{cases} \text{V} - \max \ (x_1, x_2(1-x_2)) \\ x_1 + x_2 = 1 \\ x_1 \geqslant 0, \quad x_2 \geqslant 0 \end{cases}$$

将 $x_2 = 1 - x_1$ 代入 $U_2(x_2)$ 中, 有

$$U_2(x_2) = (1-x_1)x_1, \quad 0 \leqslant x_1 \leqslant 1$$

于是 (VP) 化为只含一个变量 x_1 的多目标问题

$$(\text{VP})' \begin{cases} \text{V} - \max\ (x_1, (1-x_1)x_1) \\ 0 \leqslant x_1 \leqslant 1 \end{cases}$$

为方便, 记

$$\hat{U}_1(x_1) = x_1$$

$$\hat{U}_2(x_1) = U_2(x_2) = (1-x_1)x_1$$

由图 8.5 可以看出 (VP)$'$ 的 Pareto 解集合为

$$\{x_1 | 0.5 \leqslant x_1 \leqslant 1\}$$

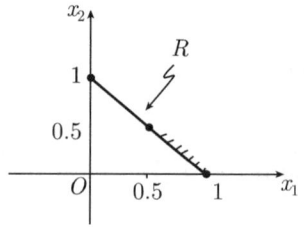

图 8.4

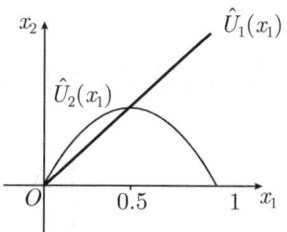

图 8.5

实际上，当 $\bar{x}_1 \in [0.5, 1)$ 时，要使 $\hat{U}_1(x_1) > \hat{U}_1(\bar{x}_1)$ 必有 $\hat{U}_2(x_1) < \hat{U}_2(\bar{x}_1)$；要使 $\hat{U}_2(x_1) > \hat{U}_2(\bar{x}_1)$，必有 $\hat{U}_1(x_1) < \hat{U}_1(\bar{x}_1)$. 因此，当 $x_1 \in [0.5, 1)$ 时，$\bar{x}_1$ 为 Pareto 解. 再看 $\bar{x}_1=1$. 此时，在 $[0,1]$ 中，不存在 x_1，使 $\hat{U}_1(x_1) > \hat{U}_1(\bar{x}_1) = 1$. 而当 $\hat{U}_2(x_1) > \hat{U}_2(\bar{x}_1)$ 时，必有 $\hat{U}_1(x_1) < \hat{U}_1(\bar{x}_1) = 1$. 因此 $\bar{x}_1 = 1$ 也为 Pareto 解.

因为对于任意 $\bar{x}_1 \in [0.5, 1]$，$\bar{x}_1$ 为 (VP)′ 的 Pareto 解. 于是，(VP) 的 Pareto 解的集合 (图 8.4) 为

$$\{(x_1, x_2) | x_1 \in [0.5, 1], x_2 = 1 - x_1\}$$

政策检验 假设企业的工资分配为

一般员工的工资分配比例为 x_1^0， $x_1^0 > 0$

高管的工资分配比例为 x_2^0， $x_2^0 > 0$

并且 (x_1^0, x_2^0) 为 (VP) 的 Pareto 解. 可以通过线性加权和问题，使用拉格朗日乘子法，确定出表示重要性的权系数 α_1^0, α_2^0. 权系数之比 $\alpha_1^0 : \alpha_2^0$ 表示 $U_1(x_1)$ 比 $U_2(x_2)$ 的重要程度. 由此可以看出企业在工资分配方面的政策倾向

考虑线性加权和问题

$$(\text{P}_\alpha)\begin{cases} \max\ [\alpha_1 U_1(x_1) + \alpha_2 U_2(x_2)] \\ x_1 + x_2 = 1 \\ x_1 \geqslant 0, \quad x_2 \geqslant 0 \end{cases}$$

其中

$$\alpha_1 > 0, \quad \alpha_2 > 0, \quad \alpha_1 + \alpha_2 = 1$$

我们的问题是：若 $x_1^0 > 0, x_2^0 > 0$ 为 (P_α) 的最优解，求权系数 α_1^0, α_2^0.

因为 $x_1^0 > 0, x_2^0 > 0$，故 (P_α) 等价于只含有等式约束的优化问题

$$(\text{P}'_\alpha)\begin{cases} \max\ [\alpha_1 U_1(x_1) + \alpha_2 U_2(x_2)] \\ x_1 + x_2 = 1 \end{cases}$$

此时，拉格朗日函数为

$$L(x_1, x_2, \lambda) = \alpha_1 U_1(x_1) + \alpha_2 U_2(x_2) - \lambda(x_1 + x_2 - 1)$$

则有 (拉格朗日条件)

$$\frac{\partial L(x_1^0, x_2^0, \lambda^0)}{\partial x_1} = \alpha_1 \frac{\mathrm{d}U_1(x_1^0)}{\mathrm{d}x_1} - \lambda^0 = 0 \qquad (8.3)$$

$$\frac{\partial L(x_1^0, x_2^0, \lambda^0)}{\partial x_2} = \alpha_2 \frac{\mathrm{d}U(x_2^0)}{\mathrm{d}x_2} - \lambda^0 = 0 \qquad (8.4)$$

$$\frac{\partial L(x_1^0, x_2^0, \lambda^0)}{\partial \lambda} = -(x_1^0 + x_2^0 - 1) = 0 \qquad (8.5)$$

由 (8.3), (8.4) 知

$$\alpha_1 \frac{\mathrm{d}U_1(x_1^0)}{\mathrm{d}x_1} = \alpha_2 \frac{\mathrm{d}U_2(x_2^0)}{\mathrm{d}x_2}$$

故

$$\alpha_1 : \alpha_2 = \frac{\dfrac{\mathrm{d}U_2(x_2^0)}{\mathrm{d}x_2}}{\dfrac{\mathrm{d}U_1(x_1^0)}{\mathrm{d}x_1}}$$

由于

$$\frac{\mathrm{d}U_1(x_1^0)}{\mathrm{d}x_1} = 1, \quad \frac{\mathrm{d}U_2(x_2^0)}{\mathrm{d}x_2} = 1 - 2x_2^0$$

最后得到

$$\alpha_1 : \alpha_2 = 1 - 2x_2^0$$

比值 $1 - 2x_1^0$ 表示 $U_1(x_1)$ 比 $U_2(x_2)$ 的重要程度. 见表 8.1.

表 8.1

(x_1^0, x_2^0)	(0.99,0.01)	(0.97,0.03)	(0.95,0.05)	(0.9,0.1)	(0.8,0.2)
$\alpha_1^0 : \alpha_2^0$	9.8:10	9.4:10	9:10	8:10	6:10

*8.5　附录：线性加权与 Pareto 最优

考虑多目标规划

$$(\text{VP})\begin{cases} \text{V}-\max\;(f_1(x_1,x_2),f_2(x_1,x_2)) \\ x\in R \end{cases}$$

我们将证明：通过线性加权和问题能够确定多目标规划 (VP) 的 Pareto 解.

对两个目标函数 $f_1(x_1,x_2)$ 和 $f_2(x_1,x_2)$，取表示重要性的权系数 α_1,α_2，满足

$$\alpha_1+\alpha_2=1,\quad \alpha_1>0,\alpha_2>0$$

由此得到线性加权和问题

$$(\text{P}_\alpha)\begin{cases} \max\;[\alpha_1 f_1(x_1,x_2)+\alpha_2 f_2(x_1,x_2)] \\ (x_1,x_2)\in R \end{cases}$$

现证明 8.3 节的定理 8.1.

定理 8.2　设 $\alpha_1+\alpha_2=1,\alpha_1>0,\alpha_2>0$，若 $\bar{x}_1,\bar{x}_2$ 为线性加权和问题 (P_α) 的最优解，则 $(\bar{x}_1,\bar{x}_2)$ 为多目标规划的 Pareto 最优解.

第 8 章 / 福利最大化模式

证明 用反证法证明之. 设 $\bar{x}_1, \bar{x}_2$ 不为 (VP) 的 Pareto 解, 则必存在 $(\hat{x}_1, \hat{x}_2) \in R$, 有

$$f_1(\hat{x}_1, \hat{x}_2) > f_1(\bar{x}_1, \bar{x}_2) \tag{8.6}$$

$$f_2(\hat{x}_1, \hat{x}_2) \geqslant f_2(\bar{x}_1, \bar{x}_2) \tag{8.7}$$

或

$$f_1(\hat{x}_1, \hat{x}_2) \geqslant f_1(\bar{x}_1, \bar{x}_2) \tag{8.8}$$

$$f_2(\hat{x}_1, \hat{x}_2) > f_2(\bar{x}_1, \bar{x}_2) \tag{8.9}$$

将 α_1 乘以 (8.6)(或 (8.8)), α_2 乘以 (8.7)(或 (8.9)), 相加后得到 (因 $\alpha_1 > 0, \alpha_2 > 0$)

$$\alpha_1 f_1(\hat{x}_1, \hat{x}_2) + \alpha_2 f_2(\hat{x}_1, \hat{x}_2) > \alpha_1 f_1(\hat{x}_1, \hat{x}_2) + \alpha_2 f_2(\hat{x}_1, \hat{x}_2)$$

此与 $\hat{x}_1, \hat{x}_2$ 为 (P_α) 的最优解相矛盾. 因此 $\hat{x}_1, \hat{x}_2$ 为 (VP) 的 Pareto 解. 得证.

第 9 章 交换才能生财
——艾奇沃思盒状图

9.1 问题的提出

市场的特征是交换. 对整个社会来说, 交换才能改善资源的配置效率; 对个人来说, 交换才能提高自己的效用 (满意度), 即交换才能生财.

有两个人, 他们拥有两种商品. 他们既是商品的供给者, 又是商品的消费者. 设商品进行交换前, 两人所拥有商品数量为

$a_1 =$ 第一个人拥有第一种商品的数量, $a_1 > 0$

$b_1 =$ 第一个人拥有第二种商品的数量, $b_1 > 0$

$a_2 =$ 第二个人拥有第一种商品的数量, $a_2 > 0$

$b_2 =$ 第二个人拥有第二种商品的数量, $b_2 > 0$

$a = a_1 + a_2 =$ 第一种商品的数量

$b = b_1 + b_2 =$ 第二种商品的数量

见表 9.1.

表 9.1

人 \ 商品	1	2
1	a_1	b_1
2	a_2	b_2
商品总和	a	b

再设两个人进行商品交换后,每个人具有商品的数量为

$x_1 =$ 第一个人具有第一种商品的数量, $x_1 \geqslant 0$

$x_2 =$ 第一个人具有第二种商品的数量, $x_2 \geqslant 0$

$y_1 =$ 第二个人具有第一种商品的数量, $y_1 \geqslant 0$

$y_2 =$ 第二个人具有第二种商品的数量, $y_2 \geqslant 0$

于是,有

$$x_1 + y_1 = a = a_1 + a_2$$

$$x_2 + y_2 = b = b_1 + b_2$$

$$x_1 \geqslant 0, \quad x_2 \geqslant 0$$

$$y_1 \geqslant 0, \quad y_2 \geqslant 0$$

商品交换后,对第一个人的第一种商品而言,有下面三种情况:

(i) 若 $x_1 - a_1 > 0$, 表明他多得到的商品量为 $x_1 - a_1$.
(ii) 若 $x_1 - a_1 = 0$, 表明他没进行第一种商品量交换.
(iii) 若 $x_1 - a_1 < 0$, 表明他交换出的商品量为 $a_1 - x_1$.
对于第二个人, $x_2 - b_1, y_1 - a_2, y_2 - b_2$, 有与第一个人类似的含义.

现在的问题是: 两个人进行商品交换时, 应该按什么原则进行? 首先, 商品交换必须对双方都有利, 或者在每一方都不损害对方利益前提下进行. 我们用效用函数表示商品交换后的满意程度. 设

$$f_1(x_1, x_2) = 第一个人的效用函数$$

$$f_2(y_1, y_2) = 第二个人的效用函数$$

这里的效用函数 $f_1(x_1, x_2)$ 表示第一个人拥有商品数量组合为 (x_1, x_2) 时的满意程度; 类似地, 效用函数 $f_2(y_1, y_2)$ 表示第二个人拥有商品数量组合为 (y_1, y_2) 时的满意程度.

下面建立"二人二商品交换"的模型. 由于在商品交换之后, 比起交换之前的满意度不应减少, 故有

$$f_1(x_1, x_2) \geqslant f_1(a_1, b_1)$$

$$f_2(y_1, y_2) \geqslant f_2(a_2, b_2)$$

综上所述, 有如下的多目标规划模型

$$(\text{VP}) \begin{cases} \text{V} - \max\ (f_1(x_1,x_2), f_2(y_1,y_2)) \\ x_1 + y_1 = a \\ x_2 + y_2 = b \\ f_1(x_1,x_2) \geqslant f_1(a_1,b_1) \\ f_2(y_1,y_2) \geqslant f_2(a_2,b_2) \\ x_1 \geqslant 0,\ x_2 \geqslant 0 \\ y_1 \geqslant 0,\ y_2 \geqslant 0 \end{cases}$$

9.2 艾奇沃思盒状图

对于"二人二商品交换",艾奇沃思利用被称为"艾奇沃思盒状图"给出了很精彩的描述. 对于效用函数 $f_1(x_1,x_2)$ 和 $f_2(y_1,y_2)$,可以用无差异曲线 (即等高线) 来描述, 分别由图 9.1 和图 9.2 给出. 其中, 偏离坐标轴原点 O_1(或 O_2) 越远的等效用曲线的效用值越大, 这是因为拥有产品数量越多, 满意度越高.

艾奇沃思盒状图 将图 9.1 和图 9.2 拼图在一个长方形的盒子中, 其中盒子的长为 $a = a_1 + a_2$, 宽为 $b = b_1 + b_2$(图 9.3). 例如, 盒子中的点 E 在左下方的坐标

系 O_1 中的坐标为 $(\hat{x}_1, \hat{x}_2)$, $\hat{x}_1$ 为第一个人所拥有的第一种商品的数量, $\hat{x}_2$ 为第一个人所拥有的第二种商品量的数量; 该点在右上方的坐标系 O_2 中的坐标 $(\hat{y}_1, \hat{y}_2)$, $\hat{y}_1$ 为第二个人所拥有的第一种商品的数量, $\hat{y}_2$ 为第二个人所拥有的第二种商品的数量. 其中

$$\hat{x}_1 + \hat{y}_1 = a$$
$$\hat{x}_2 + \hat{y}_2 = b$$

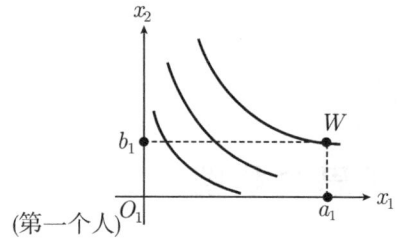

图 9.1

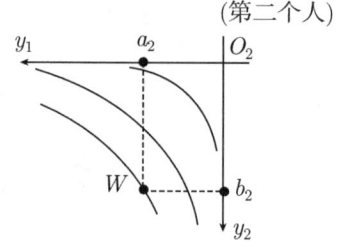

图 9.2

图 9.3 中的点 W 同时描述了两个人在商品交换前所拥有的两种商品的数量, 即 W 在坐标系 O_1 中, 为 $W = (a_1, b_1)$; W 在坐标系 O_2 中, 为 $W = (a_2, b_2)$.

图 9.3 中, 集合 (图中的"梭形区域")

$$\Omega = \{(x_1, x_2) | f_1(x_1, x_2) > f_1(a_1, b_1)\}$$
$$\cap \{(y_1, y_2) | f_2(y_1, y_2) > f_2(a_2, b_2)\}$$

中的每一个点,例如点 E,每个人都比在商品交换之前的效用值大,即

$$f_1(\hat{x}_1, \hat{x}_2) > f_1(a_1, b_1)$$

$$f_2(\hat{y}_1, \hat{y}_2) > f_2(a_2, b_2)$$

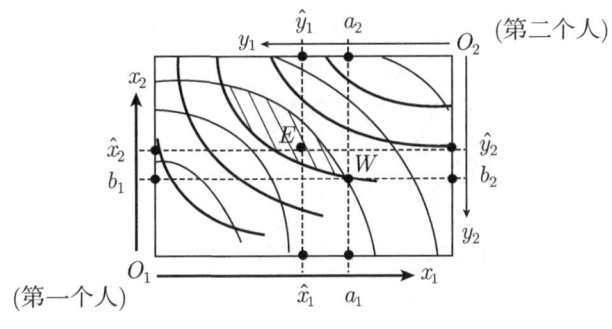

图 9.3

但是,在梭形区域 Ω 中,两个人的商品交换,又必须按 Pareto 最优准则进行,也就是说:如果每个人都不能在不损害他人利益的前提下,增加自己的利益,那么就认为他们已处于 Pareto 最优状态. 由图 9.4 可以看出,两个人的无差异曲线相切的点构成了盒状图中的所有 Pareto 最优解,经济学中称其为"契约曲线"(见图中连接 O_1 和 O_2 的曲线).

根据以上的分析,可知二人二商品交换是按如下谈判过程进行的. 在两个商品拥有者的商品数量 (a_1, b_1),(a_2, b_2) 给定后,就有一个矩形盒(艾奇沃思盒),其长为

$a = a_1 + a_2$, 宽为 $b = b_1 + b_2$. 以及对应的点 W 和相应的梭形区域 Ω. (图 9.4). 此时, W 不在梭形区域 Ω 中, 于是两个人都有进行商品交换的意向. 经过双方讨价还价后, 会把 W 点改变为梭形区域 Ω 中的另一个新点 W'. 有如下两种可能性:

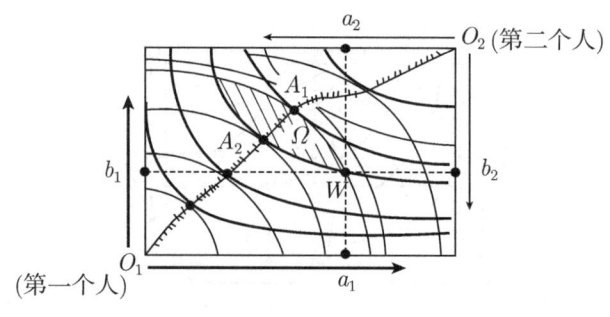

图 9.4

第一种可能 若新点 W' 在契约曲线上, 那么在 W' 的基础上, 找不到一个在不损害他人利益的前提下的点, 谈判终止在新点 W'.

第二种可能 如果新点 W' 仍然不在契约曲线上, 就会形成一个新的、比 Ω 小的梭形区域 Ω'. 双方还会在 Ω' 内继续进行讨价还价的谈判.

按照上述两种可能性, 如此反复进行, 直到最终得到契约曲线上的点为止.

然而, 由图 9.4 可以看出, 在 Ω 内契约曲线上越接近于 A_1 的点, 对第一个人越有利; 在 Ω 内契约曲线上越接

近于 A_2 的点, 对第二个人越有利. 那么, 谈判最终停止在曲线 A_1A_2 之间的哪个点, 就要看双方各自的谈判技巧和策略了.

例 9.1 考虑二人二商品交换问题, 其中

第一个人, $a_1 = 8$, $b_1 = 4$, $f_1(x_1, x_2) = x_1 x_2$

第二个人, $a_2 = 4$, $b_2 = 8$, $f_2(y_1, y_2) = y_1 y_2$

于是
$$a = a_1 + a_2 = 12$$
$$b = b_1 + b_2 = 12$$
$$f_1(a_1, b_1) = a_1 b_1 = 32$$
$$f_2(a_2, b_2) = a_2 b_2 = 32$$

多目标问题 (VP) 为

$$(\text{VP}) \begin{cases} \text{V} - \max\ (x_1 x_2, y_1 y_2) \\ x_1 + y_1 = 12 \\ x_2 + y_2 = 12 \\ x_1 x_2 \geqslant 32 \\ y_1 y_2 \geqslant 32 \\ x_1 \geqslant 0, \quad x_2 \geqslant 0 \\ y_1 \geqslant 0, \quad y_2 \geqslant 0 \end{cases}$$

此时, 艾奇沃思盒状图由图 9.5 所示. 其中点 W 的坐标分别为 (a_1, b_1) 和 (a_2, b_2).

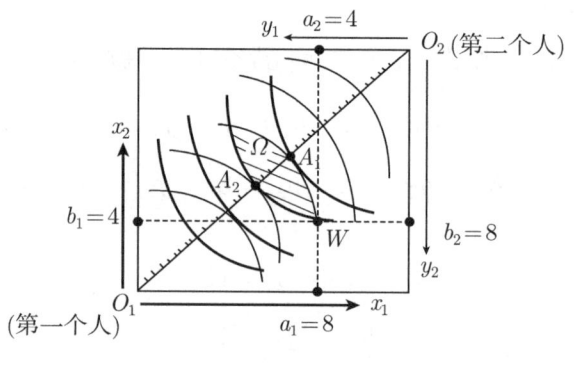

图 9.5

由图 9.5 可以看出, 契约曲线为连接 O_1 和 O_2 的一条线段 (具体求法见第 9.3 节附录). 梭形区域为

$$\Omega = \{(x_1, x_2) | x_1 x_2 > 32\} \bigcap \{(y_1, y_2) | y_1 y_2 > 32\}$$

在 Ω 内, 契约曲线上对第一个人最为有利的点是接近 A_1 的点, 最为不利的点是接近 A_2 的点.

设在坐标系 O_2 中, 点 A_1 的坐标为 (y_1', y_2'), 它满足方程

$$\begin{cases} y_1 y_2 = 32 \\ y_1 = y_2 \end{cases}$$

知

$$y_1' = y_2' = 4\sqrt{2}$$

于是在坐标系 O_1 中, 点 A_1 的坐标为

$$x_1' = x_2' = 12 - 4\sqrt{2} \tag{9.1}$$

设在坐标系 O_1 中 A_2 点坐标为 (x_1'', x_2''), 它满足方程

$$\begin{cases} x_1 x_2 = 32 \\ x_1 = x_2 \end{cases}$$

知

$$x_1'' = x_2'' = 4\sqrt{2} \tag{9.2}$$

于是在坐标系 O_2 中, 点 A_1 的坐标为

$$y_1'' = y_2'' = 12 - 4\sqrt{2}$$

如果取 (注意, $4\sqrt{2} < 6 < 12 - 4\sqrt{2}$)

$$(\hat{x}_1, \hat{x}_2) = (6, 6), \quad (\hat{y}_1, \hat{y}_2) = (6, 6)$$

那么

$$f_1(\hat{x}_1, \hat{x}_2) = \hat{x}_1 \hat{x}_2 = 36 > 32 = a_1 b_1 = f_1(a_1, b_1)$$

$$f_2(\hat{x}_1, \hat{x}_2) = \hat{y}_1 \hat{y}_2 = 36 > 32 = a_2 b_2 = f_2(a_2, b_2)$$

可见, 交换才能生财.

*9.3 附录：艾奇沃思盒状图中契约曲线的求法

二人二商品交换中的契约曲线可以通过线性加权和问题去求得的. 考虑多目标问题 (VP)，并求它的全部 Pareto 最优解 (即契约曲线). 现考虑 (见例 9.1)

$$(\text{VP}) \begin{cases} \text{V} - \max\ (x_1 x_2, y_1 y_2) \\ x_1 + y_1 = 12 \\ x_2 + y_2 = 12 \\ x_1 \geqslant 0, \quad x_2 \geqslant 0 \\ y_1 \geqslant 0, \quad y_2 \geqslant 0 \end{cases}$$

由于 (VP) 的 Pareto 解满足 $x_1 > 0, x_2 > 0, y_1 > 0, y_2 > 0$. 故 (VP) 等价于 (VP)′

$$(\text{VP})' \begin{cases} \text{V} - \max\ (x_1 x_2, y_1 y_2) \\ x_1 + y_1 = 12 \\ x_2 + y_2 = 12 \end{cases}$$

对应的线性加权和问题为

$$(\mathrm{P}_\alpha)\begin{cases} \max\ [\alpha_1(x_1 x_2) + \alpha_2(y_1 y_2)] \\ x_1 + y_1 = 12 \\ x_2 + y_2 = 12 \end{cases}$$

其中

$$\alpha_1 + \alpha_2 = 1, \quad \alpha_1 > 0, \quad \alpha_2 > 0$$

由 8.5 节知道:对任意满足 $\alpha_1 > 0, \alpha_2 > 0, \alpha_1 + \alpha_2 = 1$ 的 α_1, α_2,(P_α) 的最优解必为 $(\mathrm{VP})'$ 的 Pareto 最优解. 令拉格朗日函数为

$$L(x_1, x_2, y_1, y_2, \lambda_1, \lambda_2)$$
$$= \alpha_1 x_1 x_2 + \alpha_2 y_1 y_2 - \lambda_1(x_1 + y_1 - 12) - \lambda_2(x_2 + y_2 - 12)$$

则拉格朗日问题为

$$\frac{\partial L(x_1, x_2, y_1, y_2, \lambda_1, \lambda_2)}{\partial x_1} = \alpha_1 x_2 - \lambda_1 = 0 \qquad (9.3)$$

$$\frac{\partial L(x_1, x_2, y_1, y_2, \lambda_1, \lambda_2)}{\partial x_2} = \alpha_1 x_1 - \lambda_2 = 0 \qquad (9.4)$$

$$\frac{\partial L(x_1, x_2, y_1, y_2, \lambda_1, \lambda_2)}{\partial y_1} = \alpha_2 y_2 - \lambda_1 = 0 \qquad (9.5)$$

$$\frac{\partial L(x_1,x_2,y_1,y_2,\lambda_1,\lambda_2)}{\partial y_2} = \alpha_2 y_1 - \lambda_2 = 0 \qquad (9.6)$$

$$\frac{\partial L(x_1,x_2,y_1,y_2,\lambda_1,\lambda_2)}{\partial \lambda_1} = -(x_1 + y_1 - 12) = 0 \qquad (9.7)$$

$$\frac{\partial L(x_1,x_2,y_1,y_2,\lambda_1,\lambda_2)}{\partial \lambda_2} = -(x_2 + y_2 - 12) = 0 \qquad (9.8)$$

由 (9.4), (9.6) 和 (9.3),(9.5)，有

$$x_1 = \left(\frac{\alpha_2}{\alpha_1}\right) y_1 \qquad (9.9)$$

$$x_2 = \left(\frac{\alpha_2}{\alpha_1}\right) y_2 \qquad (9.10)$$

再由 (9.7) 和 (9.8)，有 (注意 $\alpha_1 + \alpha_2 = 1$)

$$12 = x_1 + y_1 = \left(\frac{\alpha_2}{\alpha_1}\right) y_1 + y_1 = \frac{y_1}{\alpha_1}$$

$$12 = x_2 + y_2 = \left(\frac{\alpha_2}{\alpha_1}\right) y_2 + y_2 = \frac{y_2}{\alpha_1}$$

因此

$$y_1 = y_2 = 12\alpha_1$$

再由 (9.9), (9.10) 有

$$x_1 = x_2 = 12\alpha_2$$

以下以坐标系 O_1 来描述契约曲线时，可以得到：

(i) 二人二商品交换问题的契约曲线为

$$\{(12,12)\alpha_2 | \alpha_2 \in (0,1)\}$$

(ii) 梭形区域内与契约曲线的交线为 (这里, 由式 (9.2), 在点 A_2, 由 $4\sqrt{2} = 12\alpha_2$, 知 $\alpha_2 = \dfrac{\sqrt{2}}{3}$; 由 (9.1) 式, 在点 A_1, 由 $12 - 4\sqrt{2} = 12\alpha_2$, 知 $\alpha_2 = 1 - \dfrac{\sqrt{2}}{3}$)

$$\Omega \bigcap \{(12,12)\alpha_2 | \alpha_2 \in (0,1)\}$$
$$= \left\{(12,12)\alpha_2 \Big| \alpha_2 \in \left(\dfrac{\sqrt{2}}{3}, 1 - \dfrac{\sqrt{2}}{3}\right)\right\}$$

第 10 章 市场机制——看不见的手

一种商品的价格是由什么决定的? 你可能会说"是由商店的老板决定的", 此话也对, 但也不对. 商品标价是老板定的, 但买与不买却是由顾客决定的. 标价太高, 顾客不买, 老板会降价, 诸如不惜血本, 大减价! 之类的甩卖; 标价太低, 顾客会排队、抢购, 甚至会加价购买. 可见, 商品的价格虽然是老板定的, 但顾客无形当中对定价也起了另一方面的作用. 经济学中称其为供给和需求共同作用来定价, 即市场的机制决定了一种合理的价格——均衡价格. 这种由卖方行为和买方行为相互作用构成的市场机制, 是由一种被著名经济学家亚当·斯密称谓的"看不见的手"起引导作用.

10.1 供给函数和需求函数

我们考虑一种商品. 商品的供给来源于生产者(在西方经济学中, 生产者也称为厂商). 生产者愿意提供商品的数量为 S, 它是依赖于商品的价格 p. 也就是说, 当

商品价格 p 给定后,生产者愿意提供而且能够提供的商品数量 S 也就随之而定. 用数学语言, p 为自变量, S 为因变量,即商品供给量 S 是价格 p 的函数,称为供给函数,记作
$$S = S(p).$$

由于生产者追求最大利润为其目的,所以市场价格越高,他所提供的商品数量也越多,因此供给函数为严格单调增函数. 函数 $S = S(p)$ 对应的供给曲线如图 10.1 所示.

在经济学中,顾客称为消费者. 消费者需求的多少,同样依赖于商品的价格 p. 当商品价格 p 给定后,消费者愿意购买、而且能够购买的商品数量 D 是价格 p 的函数,记作
$$D = D(p)$$
称为需求函数. 由于消费者追求最大效用为其目的,所以,价格越高需求越小,因此需求函数为单调递减函数. 需求曲线如图 10.2 所示.

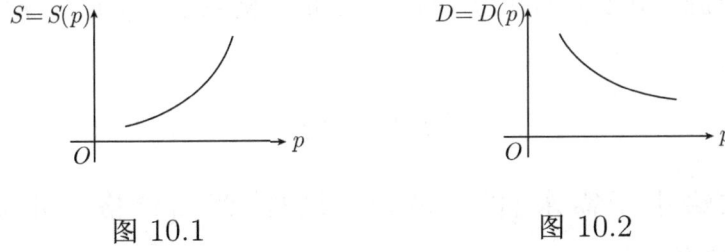

图 10.1　　　　　　　　图 10.2

10.2 均衡价格

当同时考虑厂商的供给与消费者的需求时, 我们分析它们之间是如何相互作用的. 设厂商的供给函数为 $S = S(p)$, 消费者的需求函数为 $D = D(p)$. 将供给函数曲线和需求函数曲线画在一张图上, 有图 10.3. 图中供给曲线与需求曲线的交点为 (p^*, Q^*), 即

$$S(p^*) = D(p^*) = Q^*$$

可知, 当市场价格为 p^* 时, 厂商的供给量和消费者的需求量相等, 均为 Q^*.

如果厂商将产品定价在 $p_1, p_1 > p^*$. 此时有 (图 10.4)

$$S(p_1) > D(p_1)$$

即供给大于需求, 即商品处于滞销状态, 厂商将采取降价措施 (甩卖); 如果厂商将产品价格降到 $p_2, p_2 < p^*$. 此时有

$$S(p_2) < D(p_2)$$

即供给小于需求 (供不应求). 这样, 商品价格必定要回涨 (涨价).

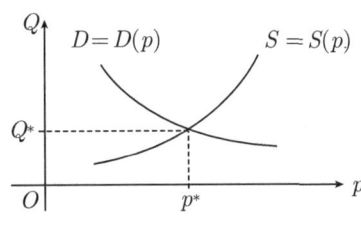
图 10.3

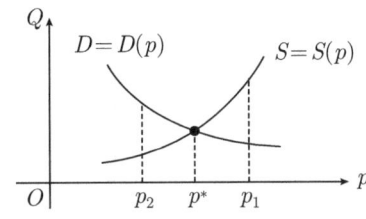
图 10.4

可以看出,由于价格在 p^* 的左右不断变动和调整,最终稳定在 p^*. 这就是市场机制在起作用. 这种市场机制是诸多的厂商和诸多的消费者共同参与的结果,是一种看不见的手在引导供需双方按照"生产者追求最大利润,消费者追求最大效用"的准则,最终使商品价格稳定在 p^*. 在经济学中称 p^* 为均衡价格.

例 10.1 设商品的供给函数为

$$S = S(p) = p^2, \quad p > 0$$

商品的需求函数为

$$D = D(p) = p^{-1}, \quad p > 0$$

由 $S(p) = D(p)$,即 $p^2 = p^{-1}$,知(图 10.5)均衡价格 $p^* = 1$.

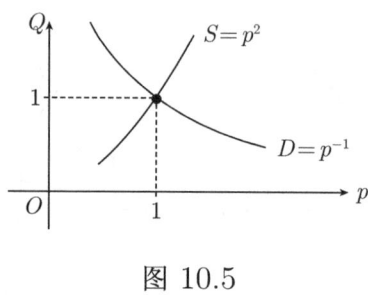

图 10.5

10.3 均衡价格的另一种解释

厂商的供给函数为 $S(p)$, 消费者的需求函数为 $D(p)$. 对于社会整体福利而言, 我们希望产量与需求都越大越好, 也就是说, 供需双方都希望市场上有一种价格, 在这一价格下, 厂商有生产商品的积极性, 消费者也有购买商品的积极性. 因此, 可用下面的多目标规划 (VP) 进行描述

$$(\text{VP})\begin{cases} \text{V}-\max\ (S(p), D(p)) \\ p \geqslant 0 \end{cases}$$

处理多目标问题, 有一种方法是借用于博弈论中的思想: 最大 – 最小原则. 它是说, 最优策略的选取应该是选取在不利情况下, 找出一个最为有利的策略. 在福利经济学中, 借用这一思想时, 是认为"社会福利是由境

况最差的社会经济人的福利为标准决定的". 我们在用上述原则处理供给和需求之间均衡定价时,可以考虑下面的目标

$$h(p) = \min\{S(p), D(p)\}$$

其含义是,对于商品价格 p 给定后,以供给函数 $S(p)$ 和需求函数 $D(p)$ 的最小者为标准,即函数 $h(p)$. 然后,再求 $h(p)$ 的最大值. 即问题

$$(\text{P}) \begin{cases} \max\{\min\{S(p), D(p)\}\} \\ p \geqslant 0 \end{cases}$$

图 10.6 中,用粗线条表示的是函数 $h(p)$. 可知 (P) 的最优解为 p^*. 可见 p^* 即均衡价格.

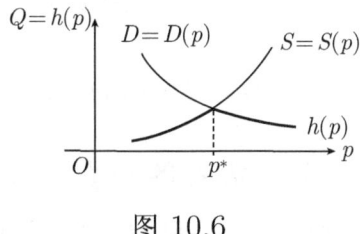

图 10.6

10.4 技术水平和收入水平变动与均衡价格

以上几节都是假定厂商的供给量和消费者的需求量都只与价格 p 有关. 表现为供给函数和需求函数是价

格变量 p 的函数: $S = S(p), D = D(p)$. 本节考虑供给函数的形式为

$$S = S(p, a)$$

其中 p 为价格, a 为厂商的技术水平. a 越大表示技术水平越高. 由于技术水平的提高, 使成本降低, 于是厂商在同样价格 p 之下, 可以供给更多的商品. 在图 10.7 中, $a_2 > a_1$, 表示生产者在 a_2 之下的技术水平高于在 a_1 之下的技术水平, 因而有

$$S(p, a_2) > S(p, a_1)$$

即供给曲线 $S = S(p, a_2)$ 在 $S = S(p, a_1)$ 之上.

考虑如下形式给出的需求函数:

$$D = D(p, m)$$

其中 p 为价格, m 为消费者的消费水平 (可以理解为收入). m 越大表示消费水平越高. 由于生活水平的提高, 消费者在同一价格 p 之下, 愿意购买更多的商品. 在图 10.8 中, 当 $m_2 > m_1$ 时, 表示消费者在 m_2 之下的消费水平高于在 m_1 之下的消费水平, 因此有

$$D(p, m_2) > D(p, m_1)$$

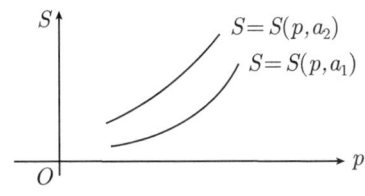 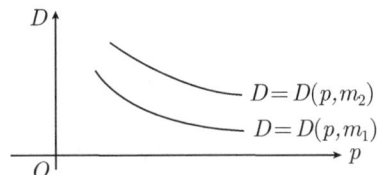

图 10.7　$(a_2 > a_1)$　　　　图 10.8　$(m_2 > m_1)$

下面分三种情况讨论厂商的技术水平和消费者的消费水平发生变化时,均衡价格变化情况.

(i) 如果厂商的技术水平没有变化. 我们仍用 $S(p)$ 表示供给函数; 而消费者的水平发生变化, 有

$$D(p, m_2) > D(p, m_1), \quad m_2 > m_1$$

设消费水平变化前和变化后的均衡价格分别为 p_1^* 和 p_2^*, 它们满足

$$S(p_1^*) = D(p_1^*, m_1)$$

$$S(p_2^*) = D(p_2^*, m_2)$$

由图 10.9 可以看出

$$p_2^* > p_1^*$$

即如果厂商的供给没有变化,而消费者的消费水平提高时,均衡价格将上升.

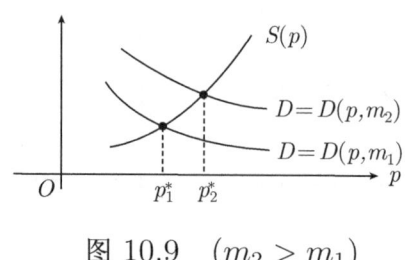

图 10.9 $(m_2 > m_1)$

(ii) 如果消费者的消费水平没有变化, 我们仍用 $D(p)$ 表示需求函数; 而厂商的供给发生变化, 有

$$S(p, a_2) > S(p, a_1), \quad a_2 > a_1$$

设技术水平变化前后的均衡价格 p_1^* 和 p_2^* 满足

$$S(p_1^*, a_1) = D(p_1^*)$$

$$S(p_2^*, a_2) = D(p_2^*)$$

由图 10.10 可以看出

$$p_2^* < p_1^*$$

即如果消费者的消费水平没有变化, 而厂商的技术水平提高时, 均衡价格将下降.

(iii) 如果厂商的技术水平和消费者的消费水平都发生变化. 有下面的四种可能性和四种相应的均衡价格 $p_{11}^*, p_{12}^*, p_{21}^*, p_{22}^*$, 分别满足 (图 10.11)

$$S(p_{11}^*, a_1) = D(p_{11}^*, m_1)$$

$$S(p_{12}^*, a_1) = D(p_{12}^*, m_2)$$
$$S(p_{21}^*, a_2) = D(p_{21}^*, m_1)$$
$$S(p_{22}^*, a_2) = D(p_{22}^*, m_2)$$

其中 $m_2 > m_1, a_2 > a_1$.

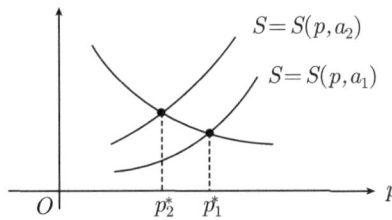 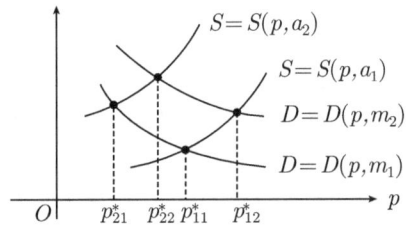

图 10.10 $(a_2 > a_1)$ 图 10.11 $(m_2 > m_1, a_2 > a_1)$

不难看出,厂商的技术水平和消费者的消费水平都发生变化时,均衡价格可能升高或下降. 最理想的状态是,如图 10.12 所示,相对于低水平的技术 (a_1) 和低水平的消费 (m_1) 而言,如果生产者提高技术水平到供给 $S(p, a_2^*)$,同时政府能使消费者水平提高到需求 $D(p, m_2^*)$,使得均衡价格 p^* 没有变化,即

$$S(p^*, a_1) = D(p^*, m_1)$$
$$S(p^*, a_2) = D(p^*, m_2)$$

也就是说,技术水平和消费水平都提高了,价格保持不变,厂商却能提供较多的商品,消费者能购买更多的商品,岂不是皆大欢喜的事.

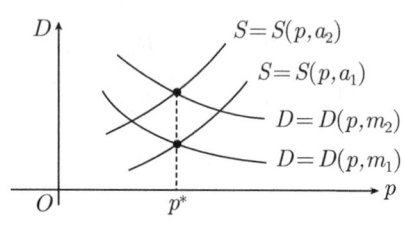

图 10.12　$(m_2 > m_1)$

例 10.2　设商品的供给函数为

$$S = S(p,a) = ap^2, \quad p > 0 \tag{10.1}$$

其中 $a \geqslant 1$. 商品的需求函数为

$$D = D(p,m) = mp^{-1}, \quad p > 0 \tag{10.2}$$

其中 $m \geqslant 1$. 由 $S(p,a) = D(p,m)$, 即

$$ap^2 = mp^{-1}$$

知均衡价格为

$$p^* = \sqrt[3]{ma^{-1}} \tag{10.3}$$

供给量和需求量为

$$Q^* = \sqrt[3]{am^2} \tag{10.4}$$

以下分析技术水平的提高和消费水平的提高对价格、供给量、需求量的影响.

初期，在式 (10.1) 和式 (10.2) 中取 $m = m_1 = 1, a = a_1 = 1$，有

$$S(p, a_1) = p^2, \quad D(p, m_1) = p^{-1}, \quad p > 0$$

由 (10.3), (10.4)，均衡价格 p^*，以及供给量和需求量 Q^* 分别为

$$p^* = 1, \quad Q^* = 1 \qquad (10.5)$$

经过一定时间之后，技术水平和消费水平都有提高，在 (10.1) 中取 $a = a_2 > a_1 = 1$，即生产者技术水平有提高，有

$$S(p, a_2) = a_2 p^2, \quad a_2 > a_1 = 1$$

在 (10.2) 中取 $m_2 > m_1 = 1$，即消费者的消费水平有提高，有

$$D(p, m_2) = m_2 p^{-1}, \quad m_2 > m_1 = 1$$

由 (10.3), (10.4)，均衡价格 $\hat{p}^*$，以及供给量和需求量 $\hat{Q}^*$ 分别为

$$\hat{p}^* = \sqrt[3]{m_2 a_2^{-1}}, \quad \hat{Q}^* = \sqrt[3]{a_2 m_2^2} \qquad (10.6)$$

分三种情况讨论之：

(i) 若 $m_2 > a_2 > 1$，由式 (10.5) 和式 (10.6)，有

$$\hat{p}^* > 1 = p^*, \quad \hat{Q}^* > 1 = Q^*$$

表明：当消费水平的提高高于技术水平的提高时，商品价格要涨，供给量和需求量增加.

(ii) 若 $a_2 > m_2 > 1$，由式 (10.5) 和式 (10.6)，有

$$\hat{p}^* < 1 = p^*, \quad \hat{Q}^* > 1 = Q^*$$

表明技术水平的提高高于消费水平的提高时，商品价格要降，供给量和需求量增加.

(iii) 若 $a_2 = m_2 > 1$，由式 (10.5) 和式 (10.6)，有

$$\hat{p}^* = 1 = p^*, \quad \hat{Q}^* > 1 = Q^*$$

表明技术水平的提高与消费水平的提高同步时，商品价格不变，供给量和需求量都增加. 这是皆大欢喜的事.

第 11 章
瓦尔拉斯一般均衡

11.1 瓦尔拉斯均衡价格

现在,考虑两种商品的供给和需求. 已知众多的厂商向市场提供这两种商品,众多的消费者由市场购买这两种商品. 设

$p_1 =$ 第 1 种商品的价格

$p_2 =$ 第 2 种商品的价格

两种商品的价格满足

$$p_1 \geqslant 0, \quad p_2 \geqslant 0 \tag{11.1}$$

和

$$p_1 + p_2 = 1 \tag{11.2}$$

关于 (11.1),是因为商品的价格不能为负数;对于 (11.2),是因为价格的高与低体现了该商品的贵与贱. 而贵与贱是由各商品价格之间的对比来体现的. 这里,由式 (11.1) 和式 (11.2) 定义的价格是相对价格.

优化模型与经济

厂商对两种商品的供给量,以及消费者的需求量,都与两种商品的价格有关,也就是说,供给量和需求量都是价格 p_1 和 p_2 的函数. 这是因为卖 (或者买) 该商品的数量多少,不仅与该种商品的价格有关,也会受到另一种商品价格高低的影响. 于是有

$$S_1 = S_1(p_1, p_2) = 第1种商品的供给函数$$

$$S_2 = S_2(p_1, p_2) = 第2种商品的供给函数$$

$$D_1 = D_1(p_1, p_2) = 第1种商品的需求函数$$

$$D_2 = D_2(p_1, p_2) = 第2种商品的需求函数$$

经济学家的问题是: 在市场机制的作用下,是否能存在一组价格 p_1^*, p_2^* 使得供给与需求达到均衡. 我们要问: 这里的均衡含义是什么呢? 首先,由于

$$p_1 \cdot S_1(p_1, p_2) = 厂商对第1种商品的总收入$$

$$p_2 \cdot S_2(p_1, p_2) = 厂商对第2种商品的总收入$$

$$p_1 \cdot D_1(p_1, p_2) = 消费者对第1种商品的总支出$$

$$p_2 \cdot D_2(p_1, p_2) = 消费者对第2种商品的总支出$$

因此,价格 p_1, p_2 应使厂商对两种商品的总收入等于消费者对两种商品的总支出,即

$$p_1 S_1(p_1, p_2) + p_2 S_2(p_1, p_2) = p_1 D_1(p_1, p_2) + p_2 D_2(p_1, p_2)$$
(11.3)

式 (11.3) 是作为一个定律所必须满足的, 称为瓦尔拉斯定律.

在必须满足瓦尔拉斯定律的前提之下, 价格 p_1, p_2 应使两种商品的供给不少于需求, 即满足

$$S_1(p_1, p_2) \geqslant D_1(p_1, p_2) \quad (11.4)$$

$$S_2(p_1, p_2) \geqslant D_2(p_1, p_2) \quad (11.5)$$

条件 (11.1)~(11.5) 综合在一起, 称为瓦尔拉斯均衡条件:

$$\begin{cases} p_1 S_1(p_1, p_2) + p_2 S_2(p_1, p_2) = p_1 D_1(p_1, p_2) + p_2 D_2(p_1, p_2) \\ S_1(p_1, p_2) \geqslant D_1(p_1, p_2) \\ S_2(p_1, p_2) \geqslant D_2(p_1, p_2) \\ p_1 + p_2 = 1 \\ p_1 \geqslant 0, \quad p_2 \geqslant 0 \end{cases}$$

称满足上面瓦尔拉斯均衡条件的 p_1^*, p_2^* 为瓦尔拉斯均衡价格.

关于均衡价格 p_1^*, p_2^* 存在性的证明, 是使用了布劳威尔 (Brouwer) 不动点定理 (见 11.2 节). 瓦尔拉斯均衡

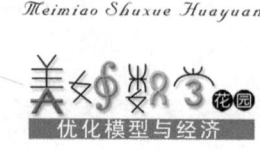

价格的存在性,说明市场上存在一个均衡价格体系,每一个社会成员(不论供给商,还是消费者),都必须在这一价格体系下,参与自身的最优活动.

例 11.1 设两种商品的供给函数分别为

$$S_1 = S_1(p_1, p_2) = p_1 p_2^{-1}$$

$$S_2 = S_2(p_1, p_2) = p_1^{-1} p_2$$

两种商品的需求函数分别为

$$D_1 = D_1(p_1, p_2) = p_1^{-1} p_2$$

$$D_2 = D_2(p_1, p_2) = p_1 p_2^{-1}$$

其中商品的价格(相对价格)p_1, p_2 满足

$$\begin{cases} p_1 + p_2 = 1 \\ p_1 \geqslant 0, p_2 \geqslant 0 \end{cases} \tag{11.6}$$

由瓦尔拉斯定律

$$p_1 S_1(p_1, p_2) + p_2 S_2(p_1, p_2) = p_1 D_1(p_1, p_2) + p_2 D_2(p_1, p_2)$$

得到

$$p_1^2 p_2^{-1} + p_1^{-1} p_2^2 = p_2 + p_1 \tag{11.7}$$

第 11 章 / 瓦尔拉斯一般均衡

由供给不少于需求

$$\begin{cases} S_1(p_1,p_2) \geqslant D_1(p_1,p_2) \\ S_2(p_1,p_2) \geqslant D_2(p_1,p_2) \end{cases}$$

得到

$$\begin{cases} p_1 p_2^{-1} \geqslant p_1^{-1} p_2 \\ p_1^{-1} p_2 \geqslant p_1 p_2^{-1} \end{cases} \tag{11.8}$$

由 (11.6),(11.7) 和 (11.8) 得到"瓦尔拉斯均衡条件":

$$\begin{cases} p_1 + p_2 = 1 \\ p_1 \geqslant 0, p_2 \geqslant 0 \\ p_1^3 + p_2^3 = p_1 p_2^2 + p_1^2 p_2 \\ p_1^2 \geqslant p_2^2 \\ p_2^2 \geqslant p_1^2 \end{cases}$$

由

$$p_1^2 \geqslant p_2^2, \quad p_2^2 \geqslant p_1^2, \quad p_1 + p_2 = 1, \quad p_1 \geqslant 0, \quad p_2 \geqslant 0$$

知瓦尔拉斯均衡价格

$$p_1^* = p_2^* = 0.5$$

*11.2　附录：瓦尔拉斯均衡价格存在性的证明

瓦尔拉斯一般均衡价格存在性的证明，要用到下面的 Brouwer 不动点定理.

定理 11.1(Brouwer 不动点定理)　(1911 年) 设映射

$$\mathbb{F}: F = F(p)$$

是定义在有界闭集 S 上，并且在 S 中取值的连续映射，则映射 $\mathbb{F}$ 在 S 中存在不动点 $\bar{p}$. 即存在 $\bar{p} \in S$，有 $\bar{p} = F(\bar{p})$.

关于均衡价格 p_1^*, p_2^* 存在性的证明，是使用了 Brouwer 不动点定理. 关键是需要定义一个由 (p_1, p_2) 到 $(F_1(p_1, p_2), F_2(p_1, p_2))$ 的连续映射 $\mathbb{F}$:

$$F_1(p_1, p_2) = \frac{p_1 + \max\{z_1(p_1, p_2), 0\}}{1 + \max\{z_1(p_1, p_2), 0\} + \max\{z_2(p_1, p_2), 0\}} \tag{11.9}$$

$$F_2(p_1, p_2) = \frac{p_2 + \max\{z_2(p_1, p_2), 0\}}{1 + \max\{z_1(p_1, p_2), 0\} + \max\{z_2(p_1, p_2), 0\}} \tag{11.10}$$

其中

$$z_1(p_1, p_2) = D_1(p_1, p_2) - S_1(p_1, p_2)$$

$$z_2(p_1, p_2) = D_2(p_1, p_2) - S_2(p_1, p_2)$$

映射 F 的经济含义　由 p_1, p_2 得到 $F_1(p_1, p_2), F_2(p_1, p_2)$, 是对两种商品价格的一种调整方法. 由于

$$F_1(p_1, p_2) + F_2(p_1, p_2)$$
$$= \frac{p_1 + \max\{z_1(p_1, p_2), 0\} + p_2 + \max\{z_2(p_1, p_2), 0\}}{1 + \max\{z_1(p_1, p_2), 0\} + \max\{z_2(p_1, p_2), 0\}}$$
$$= 1$$

它保证了根据上述方法调整后的新价格 $F_1(p_1, p_2), F_2(p_1, p_2)$ 仍然是两种商品的相对价格.

再看 $F_1(p_1, p_2)$ 的分子, 分两种情况:

(i) 若

$$z_1(p_1, p_2) = D_1(p_1, p_2) - S(p_1, p_2) > 0$$

表示在价格 p_1, p_2 之下, 供给小于需求. 此时

$$p_1 + \max\{z_1(p_1, p_2), 0\} = p_1 + z_1(p_1, p_2)$$
$$= p_1 + [D_1(p_1, p_2) - S_1(p_1, p_2)]$$
$$> p_1$$

(ii) 若

$$z_1(p_1, p_2) = D_1(p_1, p_2) - S_1(p_1, p_2) \leqslant 0$$

表示在价格 p_1, p_2 之下供给大于或等于需求. 此时有

$$p_1 + \max\{z(p_1,p_2), 0\} = p_1.$$

对于第 2 种商品价格,对应于 $F_2(p_1,p_2)$. 类似于第 1 种商品,有

$$p_2 + \max\{z_2(p_1,p_2), 0\} \begin{cases} > p_2, & \text{当} D_1(p_1,p_2) - S(p_1,p_2) > 0 \\ = p_2, & \text{当} D_1(p_1,p_2) - S(p_1,p_2) \leqslant 0 \end{cases}$$

综上所述,上面映射 $\mathbb{F}$ 是:对于给定的价格 p_1, p_2,由式 (11.9), (11.10) 可以得到经过调整后的、新的相对价格 $F_1(p_1,p_2), F_2(p_1,p_2)$. 可以看出映射 $\mathbb{F}$ 是按供给与需求关系进行价格调整的一种方法.

定理 11.2(一般均衡存在性定理) 设供给函数 $S_1(p_1,p_2), S_2(p_1,p_2)$ 和需求函数 $D_1(p_1,p_2), D_2(p_1,p_2)$ 都为连续函数,则存在价格 p_1^*, p_2^*,满足

$$p_1^* + p_2^* = 1, \quad p_1^* \geqslant 0, p_2^* \geqslant 0 \tag{11.11}$$

在厂商的总收入等于消费者的总支出 (瓦尔拉斯定律)

$$p_1^* S_1(p_1^*,p_2^*) + p_2^* S_2(p_1^*,p_2^*) = p_1^* D_1(p_1^*,p_2^*) + p_2^* D(p_1^*,p_2^*) \tag{11.12}$$

的假设下,两种商品的供给不少于需求,即

$$\begin{cases} S_1(p_1^*, p_2^*) \geqslant D_1(p_1^*, p_2^*) \\ S_2(p_1^*, p_2^*) \geqslant D_2(p_1^*, p_2^*) \end{cases} \quad (11.13)$$

证明 设

$$S = \{(p_1, p_2) | p_1 + p_2 = 1, p_1 \geqslant 0, p_2 \geqslant 0\}$$

考虑定义在 S 上的映射 $\mathbb{F}$:

$$F_1(p_1, p_2) = \frac{p_1 + \max\{z_1(p_1, p_2), 0\}}{1 + \max\{z_1(p_1, p_2), 0\} + \max\{z_2(p_1, p_2), 0\}}$$

$$F_2(p_1, p_2) = \frac{p_2 + \max\{z_2(p_1, p_2), 0\}}{1 + \max\{z_1(p_1, p_2), 0\} + \max\{z_2(p_1, p_2), 0\}}$$

其中

$$z_1(p_1, p_2) = D_1(p_1, p_2) - S_1(p_1, p_2)$$

$$z_2(p_1, p_2) = D_2(p_1, p_2) - S_2(p_1, p_2)$$

可知 S 为有界闭凸集. 并且映射 $\mathbb{F}$ 是在 S 上的连续映射. 由于映射 $\mathbb{F}$ 满足 Brouwer 不动点定理要求的所有条件, 故映射 $\mathbb{F}$ 存在不动点 p_1^*, p_2^*. 即有

$$p_1^* = F_1(p_1^*, p_2^*) = \frac{p_1^* + \max\{z_1(p_1^*, p_2^*), 0\}}{1 + \max\{z_1(p_1^*, p_2^*), 0\} + \max\{z_2(p_1^*, p_2^*), 0\}}, \quad (11.14)$$

$$p_2^* = F(p_1^*, p_2^*) = \frac{p_2^* + \max\{z_2(p_1^*, p_2^*), 0\}}{1 + \max\{z_1(p_1^*, p_2^*), 0\} + \max\{z_2(p_1^*, p_2^*), 0\}},$$
(11.15)

由 (11.14),(11.15) 得到

$$p_1^* [1 + \max\{z_1(p_1^*, p_2^*), 0\} + \max\{z_2(p_1^*, p_2^*), 0\}]$$
$$= p_1^* + \max\{z_1(p_1^*, p_2^*), 0\}$$

$$p_2^* [1 + \max\{z_1(p_1^*, p_2^*), 0\} + \max\{z_2(p_1^*, p_2^*), 0\}]$$
$$= p_2^* + \max\{z_2(p_1^*, p_2^*), 0\}$$

将上面两式的两边分别减去 p_1^* 和 p_2^*, 得到

$$p_1^* [\max\{z_1(p_1^*, p_2^*), 0\} + \max\{z_2(p_1^*, p_2^*), 0\}]$$
$$= \max\{z_1(p_1^*, p_2^*), 0\}$$

$$p_2^* [\max\{z_1(p_1^*, p_2^*), 0\} + \max\{z_2(p_1^*, p_2^*), 0\}]$$
$$= \max\{z_2(p_1^*, p_2^*), 0\}$$

将上面第一式乘以 $z_1(p_1^*, p_2^*)$, 第二式乘以 $z_2(p_1^*, p_2^*)$, 再相加, 得到以下等式

$$[p_1^* z_1(p_1^*, p_2^*) + p_2^* z_2(p_1^*, p_2^*)][\max\{z_1(p_1^*, p_2^*), 0\} + \max\{z_2(p_1^*, p_2^*), 0\}]$$
$$= z_1(p_1^*, p_2^*) \cdot \max\{z_1(p_1^*, p_2^*), 0\} + z_2(p_1^*, p_2^*) \cdot \max\{z_2(p_1^*, p_2^*), 0\}$$
(11.16)

由 (11.12)(即瓦尔拉斯定律)
$$p_1^* S_1(p_1^*, p_2^*) + p_2^* S_2(p_1^*, p_2^*) = p_1^* D_1(p_1^*, p_2^*) + p_2^* D(p_1^*, p_2^*)$$
知
$$p_1^* z_1(p_1^*, p_2^*) + p_2^* z_2(p_1^*, p_2^*)$$
$$= p_1^* [S_1(p_1^*, p_2^*) - D_1(p_1^*, p_2^*)] + p_2^* [S_2(p_1^*, p_2^*) - D_2(p_1^*, p_2^*)]$$
$$= [p_1^* S_1(p_1^*, p_2^*) + p_2^* S_2(p_1^*, p_2^*)] - [p_1^* D_1(p_1^*, p_2^*) + p_2^* D_2(p_1^*, p_2^*)]$$
$$= 0$$
即等式 (11.16) 的左边为 0. 由 (11.16)，知
$$z_1(p_1^*, p_2^*) \cdot \max\{z_1(p_1^*, p_2^*), 0\} + z_2(p_1^*, p_2^*) \cdot \max\{z_2(p_1^*, p_2^*), 0\} = 0, \tag{11.17}$$

以下将证明
$$z_1(p_1^*, p_2^*) \leqslant 0, \quad z_2(p_1^*, p_2^*) \leqslant 0$$

实际上，由
$$z_1(p_1^*, p_2^*) \cdot \max\{z_1(p_1^*, p_2^*), 0\} \begin{cases} = 0, & \text{若} z_1(p_1^*, p_2^*) \leqslant 0 \\ > 0, & \text{若} z_1(p_1^*, p_2^*) > 0 \end{cases}$$

$$z_2(p_1^*, p_2^*) \cdot \max\{z_2(p_1^*, p_2^*), 0\} \begin{cases} = 0, & \text{若} z_2(p_1^*, p_2^*) \leqslant 0 \\ > 0, & \text{若} z_2(p_1^*, p_2^*) > 0 \end{cases}$$

知必有 (否则将与式 (11.17) 相矛盾)

$$z_1(p_1^*, p_2^*) \leqslant 0, \quad z_2(p_1^*, p_2^*) \leqslant 0 \qquad (11.18)$$

注意到

$$z_1(p_1^*, p_2^*) = D_1(p_1^*, p_2^*) - S_1(p_1^*, p_2^*)$$

$$z_2(p_1^*, p_2^*) = D_2(p_1^*, p_2^*) - S_2(p_1^*, p_2^*)$$

式 (11.18) 即式 (11.13):

$$\begin{cases} S_1(p_1^*, p_2^*) \geqslant D_1(p_1^*, p_2^*) \\ S_2(p_1^*, p_2^*) \geqslant D_2(p_1^*, p_2^*) \end{cases}$$

得证.

第 12 章
双头竞争模型——古诺模型

前两章(第 10 章和第 11 章)讨论的属于完全竞争条件下的市场定价,形象地说,是由一双看不见的手在操纵商品的价格.实际上,你也可以说,价格是由众多的商品生产者和众多的商品消费者决定的——大家说了算.这是因为商品价格太高,消费者买的少;商品价格过低,生产者提供产品少.而且,就生产者而言,如果商品的生产可以获得高利,可以有更多的厂商进入商品生产的行列;如果商品的生产获利较少,生产者可以自由退出商品的生产.

以下 3 章讨论的内容,属于不完全竞争市场的商品定价问题.商品的数量和随之而来的商品价格完全由少数几个厂商控制.经济学中称其为寡头市场.如果某个行业只由两个大厂商所垄断就称为双头垄断.

双头垄断又有多种形式.本章讨论两个厂商的地位完全平等(即两厂商谁也不能主导谁),他们之间没有任何协商与合作,而且双方在选择各自的最优策略时,必需要考虑到对方也是在选择最优策略.两个厂商之间的唯一联系是因为虽然厂商可以独立确定自己商品的供给量,但价格 p 却是与两个厂商对市场提供的该种商品数量之和决定的.该模型称为"古诺模型".

12.1 古诺模型

有两个厂商生产同质的同一种产品,设

$$x_1 = 厂商\ \text{I}\ 生产产品的数量,\quad x_1 \geqslant 0$$

$$x_2 = 厂商\ \text{II}\ 生产产品的数量,\quad x_2 \geqslant 0$$

产品的价格与产品数量有关,价格 p 是两个厂商的产品数量之和 $x_1 + x_2$ 的函数

$$p = p(x_1 + x_2) = 产品的价格函数$$

对厂商来说,成本是产量的函数,两个厂商分别为

$$C_1(x_1) = 厂商\ \text{I}\ 的成本函数$$

$$C_2(x_2) = 厂商\ \text{II}\ 的成本函数$$

记

$$f_1(x_1, x_2) = 厂商\ \text{I}\ 的利润$$

$$f_2(x_1, x_2) = 厂商\ II\ 的利润$$

即

$$f_1(x_1, x_2) = p(x_1 + x_2)x_1 - C_1(x_1)$$
$$f_2(x_1, x_2) = p(x_1 + x_2)x_2 - C_2(x_2)$$

其中

$$f_1(x_1, x_2) \geqslant 0, \quad f_2(x_1, x_2) \geqslant 0, \quad x_1 \geqslant 0, \quad x_2 \geqslant 0$$

可见,每个厂商的利润不仅取决于自己产品的数量,也依赖于另一厂商产品的数量.

请问,如果你是厂商 I,为追求自己的最大利润,同时还需应对厂商 II 的策略时,应怎样对策呢?! 有如下模型.

厂商 I 的利润最大化模型　事先,厂商 I 不知道厂商 II 的产品数量是多少,它先假设厂商 II 的产品数量为 x_2. 此时,厂商 I 追求利润最大化模型为

$$(\mathrm{P_I}) \quad \max_{x_1 \geqslant 0} \ f_1(x_1, x_2)$$

可以看出,由 $(\mathrm{P_I})$ 得到的最优解依赖于厂商 II 的产品数 x_2. 记 $(\mathrm{P_I})$ 的最优解为 $x_1(x_2)$,有

$$(\mathrm{P_I}) \quad \max_{x \geqslant 0} \ f_1(x_1, x_2) = f_1(x_1(x_2), x_2)$$

称 $x_1(x_2)$ 为**厂商 I 的回答线**(或称厂商 I 的反应函数).

图 12.1 中含有 $f_1(x_1,x_2)$ 的等高线 (图中 $\alpha_1>\alpha_2>\alpha_3>\alpha_4$) 和厂商 I 的回答线. 图中当厂商 II 取 x_2^0 时, (P_I) 的最优解为 $x_1(x_2^0)$, 点 $(x_1(x_2^0),x_2^0)$ 在回答线上. 这是因为当 II 取 x_2^0 时, I 如果不取 $x_1(x_2^0)$, I 的利润会少于 $\alpha_3=f_1(x_1(x_2^0),x_2^0)$.

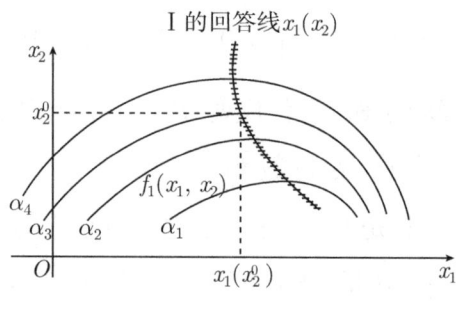

图 12.1

厂商 II 也是很精明的, 也会像厂商 I 一样为追求自己的最大利润, 同时还要应对厂商 I 的策略. 类似地, 对厂商 II 有如下模型.

厂商 II 的利润最大化模型 当厂商 I 的产品数量为 x_1 时, 厂商 II 追求利润最大化模型为

$$(P_{II})\quad \max_{x_2\geqslant 0} f_2(x_1,x_2)=f_2(x_1,x_2(x_1))$$

其中最优解为 $x_2(x_1)$, 它依赖于厂商 I 的产品数量 x_1. 称 $x_2(x_1)$ 为**厂商 II 的回答线**(或称厂商 II 的反应函数). 见

图 12.2. 图中 $\beta_1 > \beta_2 > \beta_3 > \beta_4$.

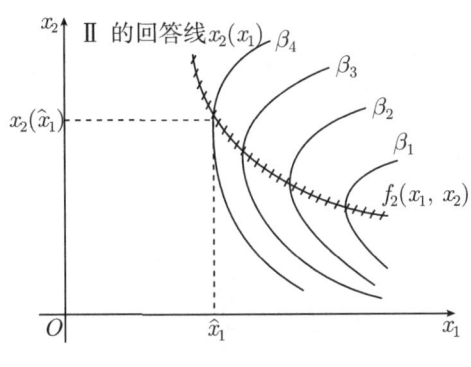

图 12.2

两条回答线的交点 —— 纳什 (Nash) 均衡 如果将图 12.1 和图 12.2 画在一个图上,则有图 12.3. 图中的点 (x_1^*, x_2^*) 是厂商 I 的回答线 $x_1(x_2)$ 与厂商 II 的回答线 $x_2(x_1)$ 的交点. 可见,当厂商 II 选择 x_2^* 时,厂商 I 由 $(\mathrm{P_I})$ 得到最优解 $x_1(x_2^*)$, 即

$$(\mathrm{P_I}) \quad \max_{x_1 \geqslant 0} \quad f_1(x_1, x_2^*) = f_1(x_1(x_2^*), x_2^*)$$

由图 12.3 可知

$$x_1(x_2^*) = x_1^* \qquad (12.1)$$

同样,当厂商 I 选取 x_1^* 时,厂商 II 由 $(\mathrm{P_{II}})$ 得到最优

解 $x_2(x_1^*)$. 即

$$(\mathrm{P_{II}}) \quad \max_{x_2 \geqslant 0} f_2(x_1^*, x_2) = f_2(x_1^*, x_2(x_1^*)).$$

由图 12.3 可知

$$x_2(x_1^*) = x_2^* \tag{12.2}$$

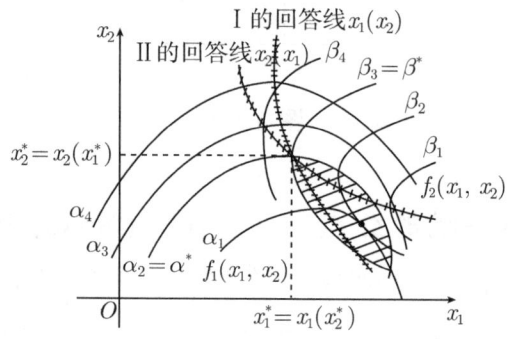

图 12.3

上述两个厂商的回答线的交点 (x_1^*, x_2^*) 满足：对任意 $x_1 \geqslant 0, x_2 \geqslant 0$, 均有

$$f_1(x_1^*, x_2^*) \geqslant f_1(x_1, x_2^*) \tag{12.3}$$

$$f_2(x_1^*, x_2^*) \geqslant f_2(x_1^*, x_2) \tag{12.4}$$

称 (x_1^*, x_2^*) 为双头垄断之下 (古诺模型) 的纳什均衡点. 而 x_1^* 为厂商 I 的最优决策 (最佳商品量), x_2^* 为厂商 II

的最优决策(最佳商品量), $p^* = p(x_1^* + x_2^*)$ 为纳什均衡价格.

纳什均衡点 (x_1^*, x_2^*) 的含义是: 当厂商 II 决定生产产品数量为 x_2^* 时, 厂商 I 不得不作出决定: 生产产品数量为 x_1^*, 否则, 利润可能比 $f_1(x_1^*, x_2^*)$ 少; 对于厂商 II 来说, 当厂商 I 决定生产产品的数量为 x_1^* 时, 厂商 II 不得不作出决定: 生产产品的数量为 x_2^*, 否则, 利润可能比 $f_2(x_1^*, x_2^*)$ 少.

例 12.1 为了简单, 设厂商 I 和厂商 II 的成本函数为 (即成本为零)

$$C_1(x_1) = 0, \quad C_2(x_2) = 0,$$

产品的价格函数为

$$p = p(x_1 + x_2) = a - (x_1 + x_2) > 0$$

此时, 厂商 I 和厂商 II 的利润函数分别为

$$f_1(x_1, x_2) = p(x_1 + x_2)x_1 - C_1(x_1) = ax_1 - x_1^2 - x_1x_2$$

$$f_2(x_1, x_2) = p(x_1 + x_2)x_2 - C_2(x_2) = ax_2 - x_2^2 - x_1x_2$$

由于

$$(\text{P}_\text{I}) \quad \max_{x_1 \geqslant 0} f_1(x_1, x_2) = \max_{x_1 > 0} f_1(x_1, x_2).$$

因此 (P_I) 的最优解 $x_1(x_2)$ 满足

$$\frac{\partial f_1(x_1,x_2)}{\partial x_1}=0$$

知 (P_I) 的最优解满足

$$x_1(x_2) \in \left\{x_1 \left| \frac{\partial f_1(x_1,x_2)}{\partial x_1}=0\right.\right\}$$
$$=\{x_1|a-2x_1-x_2=0\}$$
$$=\left\{\frac{1}{2}(a-x_2)\left|0<x_2<a\right.\right\}$$

于是厂商 I 的回答线 (反应函数) 为

$$x_1=x_1(x_2)=\frac{1}{2}(a-x_2) \qquad (12.5)$$

类似地, 对厂商 II, 考虑

$$(P_{II}) \quad \max_{x_2 \geqslant 0} \quad f_2(x_1,x_2)$$

知 (P_{II}) 的最优解满足

$$x_2(x_1) \in \left\{x_2 \left| \frac{\partial f_2(x_1,x_2)}{\partial x_2}=0\right.\right\}$$
$$=\{x_2|a-2x_2-x_1=0\}$$
$$=\left\{\frac{1}{2}(a-x_1)\left|0<x_1<a\right.\right\}$$

由此知厂商 II 的回答线 (反应函数) 为

$$x_2 = x_2(x_1) = \frac{1}{2}(a - x_1) \qquad (12.6)$$

我们的目的是求 x_1^* 和 x_2^*, 使得点 (x_1^*, x_2^*) 既在厂商 I 的回答线上, 也在厂商 II 的回答线上, 即厂商 I 与厂商 II 的回答线的交点. 由式 (12.5) 和式 (12.6), 知 x_1^*, x_2^* 满足

$$\begin{cases} 2x_1 + x_2 = a \\ x_1 + 2x_2 = a \end{cases}$$

解上面线性方程组, 知纳什均衡点为 (x_1^*, x_2^*), 其中

$$x_1^* = \frac{a}{3}, \quad x_2^* = \frac{a}{3}$$

于是, 市场均衡价格和厂商利润分别为

$$p^* = p(x_1^* + x_2^*) = a - (x_1^* + x_2^*) = \frac{1}{3}a$$

$$f_1(x_1^*, x_2^*) = p^* x_1^* = \frac{a^2}{9}$$

$$f_2(x_1^*, x_2^*) = p^* x_2^* = \frac{a^2}{9}$$

见图 12.4.

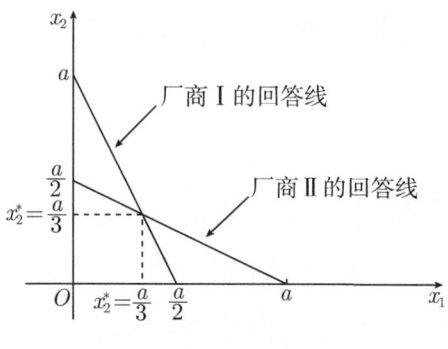

图 12.4

12.2 双头竞争的厂商之间需要合作吗

两个厂商之间没有任何协商和合作,对双方都没有好处. 不信? 请看图 12.5.

合作区　将图 12.3 简绘为图 12.5

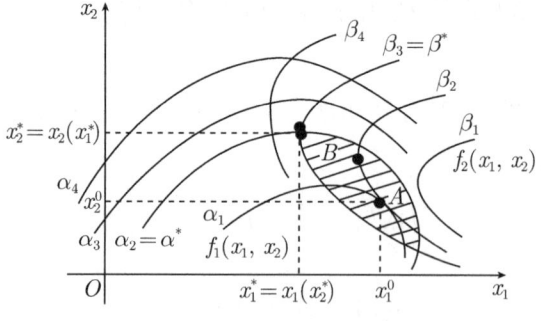

图 12.5

在图 12.5 中, 厂商 I 的利润函数 $f_1(x_1,x_2)$ 对应的等利润曲线中, $\alpha_1 > \alpha^* > \alpha_3$; 厂商 II 的利润 $f_2(x_1,x_2)$ 对应的等高线中, $\beta_1 > \beta_2 > \beta^* > \beta_4$. 由于两个厂商之间没有任何协商与合作, 最后只能停留在纳什均衡点 (x_1^*, x_2^*). 在图 12.5 中, 用斜线标出的梭形区域, 称为 "合作区", 即

$$S = \left\{ (x_1, x_2) \left| \begin{array}{l} f_1(x_1,x_2) > f_1(x_1^*,x_2^*), x_1 \geqslant 0 \\ f_2(x_1,x_2) > f_2(x_1^*,x_2^*), x_2 \geqslant 0 \end{array} \right. \right\}$$

由图 12.5 可以看出, 合作区 S 中的任意一个点, 厂商 I 和厂商 II 的利润都比双方竞争时各自的利润要大. 例如在合作区 S 中的 A 点 (x_1^0, x_2^0) 的函数值, 都有

$$f_1(x_1^0, x_2^0) > f_1(x_1^*, x_2^*)$$

$$f_2(x_1^0, x_2^0) > f_2(x_1^*, x_2^*)$$

也就是说, 合作比竞争好, 这也是 S 被称为合作区的由来.

下面, 随之而来的问题是: 合作区 S 中的哪些点, 能够被两个厂商所接受. 先从多目标的角度看, 考虑多目

标问题

$$(\text{VP}) \begin{cases} \text{V} - \max\ (f_1(x_1, x_2), f_2(x_1, x_2)) \\ x_1 \geqslant 0, x_2 \geqslant 0 \end{cases}$$

由图 12.5 可以看出,在合作区内,不为 Pareto 最优的点 B,不能同时被两个厂商都接受. 这是因为在合作区内存在另一个点,使每个厂商的利润不减少,但至少有一个厂商的利润会增大. 图中的点 B,它虽然在合作区内,但是,当 B 沿着厂商 II 的等高线 $f_2(x) = \beta_2$ 向下移动时,厂商 II 的利润不变,但厂商 I 的利润会增大(例如点 A),这是因为点 B 不为 Pareto 最优. 所以,结论是:在合作区内不为 Pareto 最优的点,是不会被厂商们所接受的.

由图 12.5 可以看出,合作区内存在有很多 Pareto 最优的点(即厂商 I 的等利润曲线与厂商 II 的等利润曲线相切的点),最终选取哪个 Pareto 最优点,是需要进行协商和谈判的,它取决于双方谈判的策略和技巧.

*12.3　附录:纳什均衡存在性的讨论

在这个附录中,将对古诺模型之下纳什均衡的存在性, 作一些补充和说明 (见文献 [1]).

首先, 给出纳什均衡点的定义.

定义 12.1 设 $x_1^* > 0, x_2^* > 0$, 若对于任意 $x_1 \geqslant 0$ 和任意 $x_2 \geqslant 0$, 都有

$$f_1(x_1^*, x_2^*) \geqslant f_1(x_1, x_2^*)$$

$$f_2(x_1^*, x_2^*) \geqslant f_2(x_1^*, x_2)$$

则称 x_1^*, x_2^* 为**纳什均衡点**, $p^* = p(x_1^* + x_2^*)$ 为**纳什均衡价格**.

在证明古诺模型下纳什均衡的存在性时, 需要用到下面的角谷 (Kakutani) 不动点定理.

定理 12.1(角谷 (Kakutani) 不动点定理)(1941 年) 设映射 $\mathbb{F}: x \rightrightarrows F(x)$ 是定义在有界闭集 S 上、并在 S 中取非空闭凸集值的集值映射 (这里, 集值 $F(x)$ 为集合), 并且 $\mathbb{F}$ 的图像

$$\{(x, y) \mid y \in F(x), x \in S\}$$

为闭集, 则集值映射 $\mathbb{F}$ 在 S 中存在不动点, 即存在 S 中的点 $\bar{x}$, 满足

$$\bar{x} \in F(\bar{x}).$$

为了用不动点定理证明纳什均衡的存在性,先定义一个映射.

给定 $x_1 \geqslant 0, x_2 \geqslant 0$. 考虑问题

(P$_1$) $\max\limits_{0 \leqslant x_1 \leqslant \bar{q}_1} f_1(x_1, x_2)$

(P$_2$) $\max\limits_{0 \leqslant x_2 \leqslant \bar{q}_2} f_2(x_1, x_2)$

它们的最优解集合分别为 $S_1(x_2)$ 和 $S_2(x_1)$. 对于 $x_1 \geqslant 0$, $x_2 \geqslant 0$, 我们定义一个由 (x_1, x_2) 到最优解集合 $S_1(x_2) \times S_2(x_1)$ 的集值映射

$$\mathbb{F}: (x_1, x_2) \rightrightarrows F(x_1, x_2) = S_1(x_2) \times S_2(x_1)$$

首先需要证明如下性质 (i)~(iii), 然后利用角谷不动点定理证明纳什均衡的存在性.

(i) 若 $f_1(x_1, x_2), f_2(x_1, x_2)$ 为定义在

$$R = \{(x_1, x_2) \mid x_1 \geqslant 0, x_2 \geqslant 0\}$$

上的凹函数,并且连续,则问题

(P$_1$) $\max\limits_{0 \leqslant x_1 \leqslant \bar{q}_1} f_1(x_1, x_2)$

(P$_2$) $\max\limits_{0 \leqslant x_2 \leqslant \bar{q}_2} f_2(x_1, x_2)$

的最优解集合 $S_1(x_2)$ 和 $S_2(x_1)$ 为闭凸集.

(ii) 若 $f_1(x_1, x_2), f_2(x_1, x_2)$ 为连续函数,则集值映射 $\mathbb{F}$

的图像

$$\left\{((x_1,x_2),(y_1,y_2)) \,\middle|\, \begin{array}{l} (y_1,y_2) \in F(x_1,x_2) \\ x_1 \geqslant 0, x_2 \geqslant 0 \end{array}\right\}$$

$$= \left\{((x_1,x_2),(y_1,y_2)) \,\middle|\, \begin{array}{l} y_1 \in S_1(x_2), y_2 \in S_2(x_1) \\ x_1 \geqslant 0, x_2 \geqslant 0 \end{array}\right\}$$

为闭集.

(iii) (x_1^*, x_2^*) 为纳什均衡的充分必要条件是：(x_1^*, x_2^*) 是集值映射 $\mathbb{F}$ 的不动点，即

$$(x_1^*, x_2^*) \in S_1(x_2^*) \times S_1(x_1^*).$$

定理 12.2 设 $f_1(x_1, x_2), f_2(x_1, x_2)$ 为连续的凹函数，并且 $S_1(x_2)$ 和 $S_2(x_1)$ 分别为问题 (P_1) 和 (P_2) 的最优解集合，则存在纳什均衡点 (x_1^*, x_2^*).

证明 因为集值映射 $\mathbb{F}$ 具有性质 (i) 和 (ii), 于是满足角谷不动点定理的条件. 故存在不动点 (x_1^*, x_2^*), 即

$$x_1^* \in S_1(x_2^*), \quad x_2^* \in S_2(x_1^*)$$

再由性质 (iii), 知 (x_1^*, x_2^*) 为纳什均衡点. 得证.

第 13 章
具有主从关系的模型——斯塔伯格模型

第 12 章的双头竞争模型——古诺模型中,两个厂商的地位是完全平等的,他们之间没有任何协商与合作,而且双方在选择各自的最优策略时,也必须要考虑到对方也是在选择最优策略. 本章中的斯塔伯格模型,是讨论两个厂商具有主从关系的市场结构的商品价格问题.

13.1 具有主从关系的双头模型

厂商 I 是具有主导地位的厂商,厂商 II 是处于从属地位的厂商. 主从关系的市场结构,是指: 起主导地位的厂商 I 能够获得 (或能够预测到,或有权知道) 这样的信息: 当自己决定生产产品数量为 x_1 时,厂商 II 能作出怎样的决策. 而后,厂商 I 首先作出最优决策; 厂商 II 跟随其后,再选取自己的最优决策.

上述处于主导地位的厂商 I,有时也被称为领导者,而处于从属地位的厂商 II, 也被称为追随者. 市场中商品供给方 (厂商 I 和厂商 II) 主从关系形成的原因, 可以理解为领导者是长期处于该商品生产的大厂商, 他对商品的生产、市场上销售等信息都有全面的掌控; 追随者是新进入该种商品生产和供给的、实力较弱的厂商. 一开始, 新的厂商 II 的进入都是比较困难的, 对商品价格的确定和自己生产产品数量的决策, 只能跟随着领导者的决策之后确定.

设

$$x_1 = 厂商\ I\ 生产产品的数量, \quad x_1 \geqslant 0$$

$$x_2 = 厂商\ II\ 生产产品的数量, \quad x_2 \geqslant 0$$

$$C_1(x_1) = 厂商\ I\ 的成本函数$$

$$C_2(x_2) = 厂商\ II\ 的成本函数$$

$$p = p(x_1 + x_2) = 产品的价格函数\ (产品的价格是两个厂商的产品数量之和的函数)$$

于是

$$f_1(x_1, x_2) = p(x_1 + x_2)x_1 - C_1(x_1) = 厂商\ I\ 的利润$$

$$f_2(x_1, x_2) = p(x_1 + x_2)x_2 - C_2(x_2) = 厂商\ II\ 的利润$$

其中
$$f_1(x_1, x_2) \geqslant 0, \quad f_2(x_1, x_2) \geqslant 0$$

由于厂商 II 出于追求自己的利润最大化,所以采取的决策由以下问题的最优解 $x_2(x_1)$ 给出

$$(\text{P}_\text{II}) \quad \max_{x_2 \geqslant 0} \ f_2(x_1, x_2)$$

起主导地位的厂商 I 事先预测到 $x_2(x_1)$ 后,再由利润最大化模型 (P_I) 得到自己的最优解 (最优决策 x_1^*),其中

$$(\text{P}_\text{I}) \quad \max_{x_1 \geqslant 0} \ f_1(x_1, x_2(x_1))$$

而处于从属地位的厂商 II,跟随其后的最优决策 x_2^*,由以下最优化模型 (P_II^*) 的最优解得到

$$(\text{P}_\text{II}^*) \quad \max_{x_2 \geqslant 0} \ f_2(x_1^*, x_2)$$

具有主从关系的各厂商确定最优决策的步骤如下.

(i) 由最优化模型 (P_II) 求出最优解 $x_2(x_1)$

$$(\text{P}_\text{II}) \quad \max_{x_2 \geqslant 0} \ f_2(x_1, x_2)$$

即求厂商 II 的回答线. 在图 13.1 中假设厂商 I 选取 x_1^0,由 (P_II) 可以得到 $x_2(x_1^0)$. 点 $(x_1^0, x_2(x_1^0))$ 是在厂商 II 的回答线上.

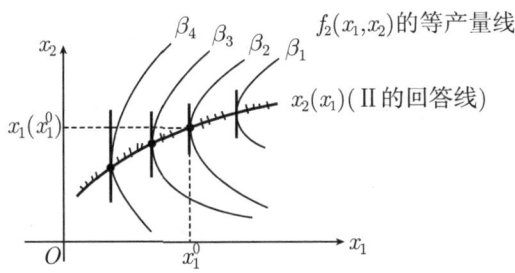

图 13.1 ($\beta_1 > \beta_2 > \beta_3 > \beta_4 > 0$)

对于 (P_{II})，由于最优解必满足 $x_2 > 0$，因此，(P_{II}) 等价于

$(P'_{II})\quad \max_{x_2 > 0} f_2(x_1, x_2)$

可知 (P'_{II}) 的最优解 $x_2(x_1)$ 必满足

$$\frac{\partial f_2(x_1, x_2)}{\partial x_2} = 0 \tag{13.1}$$

由于

$$f_2(x_1, x_2) = p(x_1 + x_2) \cdot x_2 - C_2(x_2)$$

由 (13.1)，有

$$\frac{\partial p(x_1 + x_2)}{\partial x_2} \cdot x_2 + p(x_1 + x_2) = \frac{dC_2(x_2)}{dx_2} \tag{13.2}$$

当价格函数 $p(x_1, x_2)$ 和成本函数 $C_2(x)$ 比较简单时，可由 (13.2) 解出 $x_2 = x_2(x_1)$. (见例 13.1.)

(ii) 厂商 I 在知道 $x_2(x_1)$ 后，确定自己的最优生产量 x_1^*，即利用 (P_I) 求出最优解 x_1^*(厂商 I 的最优生产量)

$$(\text{P}_\text{I}) \quad \max_{x_1 \geq 0} f_1(x_1, x_2(x_1))$$

(P_I) 表明是在回答线 $x_2 = x_2(x_1)$ 上求最优解 x_1^*. 见图 13.2(图中 $\alpha_1 > \alpha_2 > \alpha_3 > \alpha_4$).

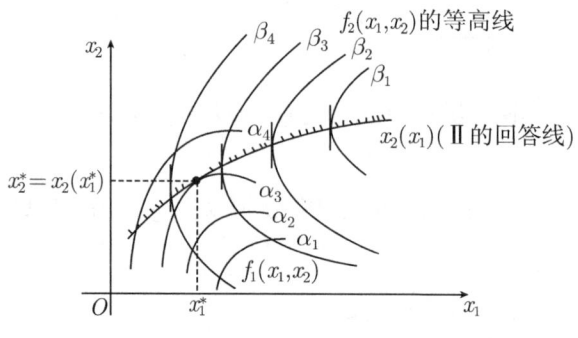

图 13.2

(iii) 厂商 II 的最优生产量为

$$x_2^* = x_2^*(x_1^*)$$

x_2^* 可由以下最优化模型 (P_II^*) 的最优解得到

$$(\text{P}_\text{II}^*) \quad \max_{x_2 \geq 0} f_2(x_1^*, x_2)$$

(iv) 商品的价格,以及各厂商的利润分别为

$$p(x_1^* + x_2^*), \quad f_1(x_1^*, x_2^*), \quad f_2(x_1^*, x_2^*).$$

在具有主从关系的双头竞争市场结构中,称 (x_1^*, x_2^*) 为斯塔伯格模型下的均衡价格.

13.2 斯塔伯格模型的数例分析

对于具有主从关系的斯塔伯格模型仍用例 12.1 中的数据.

例 13.1 设厂商 I 处于主导地位, 厂商 II 处于从属地位. 他们的成本函数分别为

$$C_1(x_1) = 0, \quad C_2(x_2) = 0,$$

产品价格函数为 $(a > 0)$

$$p = p(x_1 + x_2) = a - (x_1 + x_2) > 0$$

于是

$$a > x_1 > 0, \quad a > x_2 > 0$$

此时厂商 I 和厂商 II 的利润函数分别为

$$f_1(x_1, x_2) = p(x_1 + x_2)x_1 - C_1(x_1) = ax_1 - x_1^2 - x_1 x_2$$

$$f_2(x_1, x_2) = p(x_1 + x_2)x_2 - C_2(x_2) = ax_2 - x_2^2 - x_1 x_2$$

(i) 由于厂商 I 处于主导地位, 厂商 II 处于从属地位, 当厂商 I 给定 x_1 后, 先确定 (P_{II}) 的最优解 $x_2(x_1)$ (即回

答线), 其中 (P_{II}^*) 为

$$(P_{II}) \quad \max_{x_2 \geqslant 0} f_2(x_1, x_2)$$

$$= \max_{x_2 \geqslant 0}(ax_2 - x_2^2 - x_1 x_2)$$

$$= \max_{x_2 > 0}(ax_2 - x_2^2 - x_1 x_2)$$

知 (P_{II}) 的最优解 $x_2(x_1)$ 满足

$$\frac{\partial f_2(x_1, x_2)}{\partial x_2} = 0$$

即

$$\frac{\partial(ax_2 - x_2^2 - x_1 x_2)}{\partial x_2} = a - 2x_2 - x_1 = 0$$

于是处于从属地位的厂商 II 的回答线为

$$x_2 = x_2(x_1) = \frac{1}{2}(a - x_1), \quad 0 < x_1 < a$$

(ii) 再求下面问题的最优解

$$(P_I) \quad \max_{x_1 \geqslant 0} f_2(x_1, x_2(x_1))$$

即

$$(P_I) \begin{cases} \max\ (ax_1 - x_1^2 - x_1 x_2) \\ x_2 = \dfrac{1}{2}(a - x_1) \\ 0 \leqslant x_1 \leqslant a \end{cases}$$

此时，(P_I) 的目标函数

$$ax_1 - x_1^2 - x_1 x_2$$
$$= a_1 x_1 - x_1^2 - x_1 \left[\frac{1}{2}(a - x_1)\right]$$
$$= \frac{1}{2}(ax_1 - x_1^2)$$

因此 (P_I) 为

$$\max_{0 \leqslant x_1 \leqslant a} \frac{1}{2} x_1(a - x_1)$$

可知厂商 I 的最优决策为

$$x_1^* = \frac{1}{2} a$$

(iii) 厂商 II 的最优决策为

$$x_2^* = x_2(x_1^*) = \frac{1}{2}(a - x_1^*) = \frac{1}{4} a$$

(iv) 具有主从关系的斯塔伯格模型下的均衡价格为

$$p^* = p(x_1^* + x_2^*) = a - (x_1^* + x_2^*) = \frac{1}{4} a$$

各厂商的利润分别为

$$f_1(x_1^*, x_2^*) = p(x_1^*, x_2^*) x_1^* - C_1(x_1^*) = \frac{a^2}{8}$$

$$f_2(x_1^*, x_2^*) = p(x_1^*, x_2^*)x_2^* - C_2(x_2^*) = \frac{a^2}{16}$$

由于

$$f_1(x_1^*, x_2^*) = \frac{a^2}{8} > \frac{a^2}{16} = f_2(x_1^*, x_2^*)$$

可见,处于主导地位的厂商 I 的利润大于从属地位厂商 II 的利润.

第 14 章

厂商勾结——行业垄断的张伯伦模型

在双头竞争模型——古诺模型和具有主从关系的双头垄断模型——斯塔伯格模型中,两个厂商都是处在不同形式的竞争状态中,双方在价格和利润方面都是彼此依存的. 竞争的结果,会产生联合、合作、垄断等形式,统称为勾结. 本章中的张伯伦模型是行业垄断的一种形式.

14.1 行业垄断的张伯伦模型

张伯伦模型是以整个行业利润最大化为目标,两个厂商在勾结之中掌控了该产品的价格和利润. 因此,可以说张伯伦模型是一种行业垄断的模型.

仍像古诺模型和斯塔伯格模型那样,设厂商 I 和厂商 II 生产同质的、同一种产品,并且

$$x_1 = 厂商 \text{I} 产品的数量, \quad x_1 \geqslant 0$$

$$x_2 = 厂商\text{II}产品的数量, \quad x_2 \geqslant 0$$

产品的价格与产品数量有关,价格 p 是两个厂商的产品量之和 $x_1 + x_2$ 的函数

$$p = p(x_1 + x_2) = 产品的价格$$

对厂商来说,成本是产量的函数,分别为

$$C_1(x_1) = 厂商\text{I}的成本函数$$

$$C_2(x_2) = 厂商\text{II}的成本函数$$

于是,

$$厂商\text{I}的利润 = f_1(x_1, x_2) = p(x_1 + x_2)x_1 - C_1(x_1)$$

$$厂商\text{II}的利润 = f(x_1, x_2) = p(x_1 + x_2)x_2 - C_2(x_2)$$

其中

$$f_1(x_1, x_2) \geqslant 0, \quad f_2(x_1, x_2) \geqslant 0, \quad x_1 \geqslant 0, \quad x_2 \geqslant 0$$

经过厂商"勾结"后,行业的利润为两个厂商的利润之和,即

$$f_1(x_1, x_2) + f_2(x_1, x_2)$$
$$= p(x_1 + x_2)[x_1 + x_2] - [C_1(x_1) + C_2(x_2)]$$

行业最大化模型为

$$(\mathrm{P})\begin{cases} \max\ p(x_1+x_2)[x_1+x_2] - [C_1(x_1)+C_2(x_2)] \\ x_1 \geqslant 0 \\ x_2 \geqslant 0 \end{cases}$$

14.2 张伯伦模型的数例分析

我们仍然使用古诺模型中的例子，见例 12.1.

例 14.1 设厂商 I 和厂商 II 的成本函数分别为

$$C_1(x_1) = 0, \quad C_2(x_2) = 0,$$

价格函数为

$$p = p(x_1+x_2) = a - (x_1+x_2) > 0$$

其中

$$a \geqslant x_1 \geqslant 0, \quad a \geqslant x_2 \geqslant 0, \quad a > 0$$

厂商 I 和厂商 II 的利润函数分别为

$$f_1(x_1,x_2) = p(x_1+x_2)x_1 = ax_1 - x_1^2 - x_1x_2$$

$$f_2(x_1,x_2) = p(x_1+x_2)x_2 = ax_2 - x_2^2 - x_1x_2$$

行业的利润函数为

$$f_1(x_1,x_2) + f_2(x_1,x_2) = a(x_1+x_2) - x_1^2 - x_2^2 - 2x_1x_2$$
$$= a(x_1+x_2) - (x_1+x_2)^2$$

于是,行业利润最大化模型为

$$(\mathrm{P}) \begin{cases} \max\ [a(x_1+x_2) - (x_1+x_2)^2] \\ x_1 \geqslant 0 \\ x_2 \geqslant 0 \end{cases}$$

记

$$x = x_1 + x_2$$

则 (P) 等价于单变量 x 的优化模型

$$(\mathrm{P}') \begin{cases} \max\ (ax - x^2) \\ x \geqslant 0 \end{cases}$$

可知 (P′) 的最优解为

$$x^* = x_1^* + x_2^* = \frac{1}{2}a$$

由

$$p = p(x_1+x_2) = a - (x_1+x_2) = a - x$$

知行业垄断的产品价格

$$p^* = p(x^*) = a - x^* = \frac{1}{2}a$$

由

$$f_1(x_1, x_2) + f_2(x_1, x_2) = a(x_1 + x_2) - (x_1 + x_2)^2$$

知行业的总利润为

$$f_1(x_1^*, x_2^*) + f_2(x_1^*, x_2^*) = ax^* - x^{*2} = \frac{1}{4}a^2$$

利用例 12.1 和例 14.1, 比较竞争的古诺模型和行业垄断的张伯伦模型之下, 产品的价格和利润状况. 见表 14.1. 表中

$$x^* = x_1^* + x_2^* = \text{行业的总产量}$$

$$p^* = p(x_1^*, x_2^*) = \text{市场价格}$$

$$f^* = f_1(x_1^*, x_2^*) + f_2(x_1^*, x_2^*) = \text{行业利润}$$

表 14.1

模型	x^*	p^*	f^*
古诺 (竞争)	$\frac{2}{3}a$	$\frac{1}{3}a$	$\frac{2}{9}a^2$
张伯伦 (垄断)	$\frac{1}{2}a$	$\frac{1}{2}a$	$\frac{1}{4}a^2$

由表 14.1, 知
$$x^*: \frac{1}{2}a < \frac{2}{3}a$$
$$p^*: \frac{1}{2}a > \frac{1}{3}a$$
$$f^*: \frac{1}{4}a^2 > \frac{2}{9}a^2$$

比较行业垄断与厂商竞争, 可以看出:

(i) 行业垄断时, 行业生产的总商品数量少 $(x^* = \frac{1}{2}a)$.

(ii) 行业垄断时, 商品价格高 $(p^* = \frac{1}{2}a)$, 这也是为什么人们为反对行业垄断, 制定《反行业垄断法》的原因之一.

(iii) 行业垄断时, 行业总利润大 $(f^* = \frac{1}{4}a^2)$, 这也是为什么厂商喜欢垄断的原因.

可见, 行业垄断厂商以少生产商品, 依靠提高商品价格, 获得高利润.

参考文献

[1] 魏权龄. 经济与管理中的数学规划. 北京: 中国人民大学出版社, 2010.

[2] 魏权龄, 胡显佑. 运筹学基础教程. 北京: 中国人民大学出版社, 2007.

[3] 高山晟. 经济学中的分析方法. 北京: 中国人民大学出版社, 2001.

[4] 史树中. 数学与经济. 长沙: 湖南教育出版社, 1990.

[5] 史树中. 诺贝尔经济学奖与数学. 北京: 清华大学出版社, 2002.

[6] 龚六堂. 经济学中的优化方法. 北京: 北京大学出版社, 2000.

[7] 迪克西特. 经济理论中的优化方法. 上海: 上海人民出版社, 2006.

[8] 高鸿业. 西方经济学. 北京: 中国人民大学出版社, 2007.

[9] E. 罗伊. 温特劳布. 经济数学. 北京: 经济科学出版社, 1999.